T0210020

Gerechter Frieden

Reihe herausgegeben von
Ines-Jacqueline Werkner, Heidelberg, Deutschland
Sarah Jäger, Heidelberg, Deutschland

„Si vis pacem para pacem" (Wenn du den Frieden willst, bereite den Frieden vor.) – unter dieser Maxime steht das Leitbild des gerechten Friedens, das in Deutschland, aber auch in großen Teilen der ökumenischen Bewegung weltweit als friedensethischer Konsens gelten kann. Damit verbunden ist ein Perspektivenwechsel: Nicht mehr der Krieg, sondern der Frieden steht im Fokus des neuen Konzeptes. Dennoch bleibt die Frage nach der Anwendung von Waffengewalt auch für den gerechten Frieden virulent, gilt diese nach wie vor als Ultima Ratio. Das Paradigma des gerechten Friedens einschließlich der rechtserhaltenden Gewalt steht auch im Mittelpunkt der Friedensdenkschrift der Evangelischen Kirche in Deutschland (EKD) von 2007. Seitdem hat sich die politische Weltlage erheblich verändert; es stellen sich neue friedens- und sicherheitspolitische Anforderungen. Zudem fordern qualitativ neuartige Entwicklungen wie autonome Waffensysteme im Bereich der Rüstung oder auch der Cyberwar als eine neue Form der Kriegsführung die Friedensethik heraus. Damit ergibt sich die Notwendigkeit, Analysen fortzuführen, sie um neue Problemlagen zu erweitern sowie Konkretionen vorzunehmen. Im Rahmen eines dreijährigen Konsultationsprozesses, der vom Rat der EKD und der Evangelischen Friedensarbeit unterstützt und von der Evangelischen Seelsorge in der Bundeswehr gefördert wird, stellen sich vier interdisziplinär zusammengesetzte Arbeitsgruppen dieser Aufgabe. Die Reihe präsentiert die Ergebnisse dieses Prozesses. Sie behandelt Grundsatzfragen (I), Fragen zur Gewalt (II), Frieden und Recht (III) sowie politisch-ethische Herausforderungen (IV).

Weitere Bände in der Reihe http://www.springer.com/series/15668

Ines-Jacqueline Werkner ·
Bernd Oberdorfer
(Hrsg.)

Menschliche Sicherheit und gerechter Frieden

Politisch-ethische
Herausforderungen · Band 4

 Springer VS

Hrsg.
Ines-Jacqueline Werkner
Heidelberg, Deutschland

Bernd Oberdorfer
Augsburg, Deutschland

Gerechter Frieden
ISBN 978-3-658-25614-2   ISBN 978-3-658-25615-9   (eBook)
https://doi.org/10.1007/978-3-658-25615-9

Die Deutsche Nationalbibliothek verzeichnet diese Publikation in der Deutschen
Nationalbibliografie; detaillierte bibliografische Daten sind im Internet über
http://dnb.d-nb.de abrufbar.

Springer VS
© Springer Fachmedien Wiesbaden GmbH, ein Teil von Springer Nature 2019

Verantwortlich im Verlag: Jan Treibel

Springer VS ist ein Imprint der eingetragenen Gesellschaft Springer Fachmedien
Wiesbaden GmbH und ist ein Teil von Springer Nature
Die Anschrift der Gesellschaft ist: Abraham-Lincoln-Str. 46, 65189 Wiesbaden,
Germany

Inhalt

Gerechter Frieden durch menschliche Sicherheit?

Ines-Jacqueline Werkner

1   Einleitung

„Human Security: Paradigm Shift or Hot Air?" – Diese Frage des Politikwissenschaftlers Roland Paris (2001) verweist sehr prägnant auf die Kontroversen und die Bandbreite der Debatten um das Konzept der menschlichen Sicherheit. Während Befürworter mit der *Human Security* einen notwendigen Paradigmenwechsel im Sicherheitsdiskurs – weg vom Staat hin zum Individuum – sehen, bringen Gegner dieses Ansatzes zentrale Kritikpunkte in Anschlag: von der definitorischen Unschärfe des Konzeptes über seine konzeptionelle Breite bis hin zu der Gefahr, mit einer Aufweichung der staatlichen Souveränität und Nichteinmischung in die inneren Angelegenheiten eines Landes eine interventionistische Politik zu befördern.

Ungeachtet dessen hat die menschliche Sicherheit, 1994 im Kontext der Vereinten Nationen entwickelt, wie kaum ein anderes Konzept in nur kurzer Zeit eine hohe internationale Resonanz erfahren und Eingang in die Politik gefunden. Das Konzept findet sich nicht nur in zahlreichen internationalen Dokumenten, es ist

© Springer Fachmedien Wiesbaden GmbH, ein Teil von Springer Nature 2019
I.-J. Werkner und B. Oberdorfer (Hrsg.), *Menschliche Sicherheit und gerechter Frieden*, Gerechter Frieden, https://doi.org/10.1007/978-3-658-25615-9_1

gleichsam in der bundesdeutschen Politik verankert. Und auch die Evangelische Kirche in Deutschland (EKD) bezieht sich in ihrer Friedensdenkschrift auf die menschliche Sicherheit. In ihrer Konzeption des gerechten Friedens, die für einen Perspektivenwechsel in der christlichen Friedensethik steht (nicht mehr der Krieg, sondern der Frieden steht im Fokus der Aufmerksamkeit), macht sie sich explizit dieses Konzept zu eigen. Menschliche Sicherheit stellt dort einen zentralen Bezugspunkt und wichtigen Schritt auf dem Weg zur Verwirklichung eines gerechten Friedens dar (vgl. EKD 2007, Kap. 4.5). Dabei wird sowohl das Konzept der menschlichen Sicherheit weitgehend unreflektiert übernommen als auch sein Verhältnis zum gerechten Frieden nicht näher bestimmt. Beides bedarf weiterer Klärung.

2 Menschliche Sicherheit: Zur Genese eines Konzeptes

Als eigenständiger politischer Begriff steht Sicherheit in einem engen Zusammenhang mit der Westfälischen Ordnung und der Konstituierung der modernen Nationalstaaten. Hobbes' Leviathan begründet Sicherheit – konkret die „Sorge für die Sicherheit des Volkes" (Hobbes 1984 [1651], S. 255) – als zentralen Staatszweck und wesentliche Staatsaufgabe. Bis in die 1980er Jahre hinein wurde Sicherheit in diesem traditionellen Verständnis als (militärische) Sicherheit des Staates verstanden.

Mit der Entspannungspolitik der 1970er Jahre und dem Systemwandel in Europa 1989/90 kam es zu einer „horizontale[n] Erweiterung des Sicherheitsbegriffs" (Debiel und Werthes 2005, S. 9). Seitdem wird Sicherheit nicht mehr nur ausschließlich militärisch verstanden; ihre Problembereiche erweiterten sich: zunächst um ihre ökonomische, später auch ökologische Dimension bis hin zur heutigen humanitären Sicherheit. Darüber hinaus ist seit den 1990er Jahren eine „vertikale Perspektiverweiterung" (Debiel und Werthes 2005, S. 9) zu konstatieren. Das Referenzobjekt ist nicht mehr allein der Staat; der Schutzbedarf wird nun auch subnationalen Akteuren – sozialen Gruppen und Individuen – zugesprochen. Für Letzteres steht der Begriff der menschlichen Sicherheit (vgl. auch Daase 2010a, b).

Die Entwicklung des Konzeptes menschlicher Sicherheit geht auf den *Human Development Report* von 1994, dem Bericht des Entwicklungsprogramms der Vereinten Nationen (*United Nations Development Programme*, UNDP) zurück. Nach diesem Bericht beinhaltet menschliche Sicherheit:

> "It means, first, safety from such chronic threats as hunger, disease and repression. And second, it means protection from sudden and hurtful disruptions in the patterns of daily life – whether in homes, in jobs or in communities" (UNDP 1994, S. 23).

Damit sind zwei Hauptkomponenten menschlicher Sicherheit angesprochen: die Freiheit von Furcht (*freedom from fear*) und die Freiheit von Not (*freedom from want*). Im Folgenden benennt der *Human Development Report* (UNDP 1994, S. 23ff.; vgl. u. a. Trachsler 2003, S. 75; Nieberg 2013) sieben Dimensionen, durch die menschliche Sicherheit näher bestimmt wird:

- *Wirtschaftliche Sicherheit*: Bedroht durch Armut, Arbeitslosigkeit oder auch Obdachlosigkeit generiert sie sich unter anderem aus dem Zugang zu Arbeit und staatlicher Wohlfahrt.
- *Nahrungssicherheit*: Sie beinhaltet den Zugang zu Nahrungsmitteln in notwendiger Quantität und Qualität, um menschliche Grundbedürfnisse abzudecken.

- *Gesundheitliche Sicherheit:* Dazu gehört der Schutz vor Infektionen und Krankheiten sowie der Zugang zu adäquater medizinischer Versorgung.
- *Umweltsicherheit:* Sie umfasst den Schutz vor Gefahren, die aus der Luft-, Land- beziehungsweise Wasserverschmutzung resultieren oder durch Naturkatastrophen bedingt sind.
- *Persönliche Sicherheit:* Sie äußert sich in der körperlichen und psychischen Integrität einer Person. Bedroht wird diese insbesondere durch physische Gewalteinwirkung.
- *Sicherheit der Gemeinschaft:* Sie schließt den Schutz vor Unterdrückung und Diskriminierung oder auch die Verhinderung der Desintegration traditioneller Gemeinschaftsformen mit ein.
- *Politische Sicherheit:* Dazu zählt der Schutz grundlegender Menschenrechte.

In der Folge wurde das von dem UNDP entwickelte Konzept der menschlichen Sicherheit in zahlreichen internationalen Dokumenten aufgegriffen, diskutiert und von einigen Staaten auch als außenpolitisches Konzept übernommen. Dabei lassen sich zwei zentrale Ausrichtungen – ein enger und ein weiter Ansatz – erkennen (vgl. u. a. Ulbert und Werthes 2008, S. 17ff.; Oberleitner 2017):

Der enge Ansatz betont die Komponente *freedom from fear* und fokussiert auf die gewaltbedingten Ursachen menschlicher Sicherheit. Hierzu gehört das 1999 auf wesentliche Initiative Kanadas gegründete Netzwerk für menschliche Sicherheit (*Human Security Network*). Diesem gehören mittlerweile mehr als ein Dutzend Staaten[1] an mit dem Ziel, das Konzept der menschlichen Sicherheit auch in den nationalen Politiken zu etablieren. Dabei lassen sich

---

1   Dazu gehören Chile, Griechenland, Irland, Jordanien, Kanada, Mali, die Niederlande, Norwegen, Österreich, die Schweiz, Slowenien, Südafrika und Thailand.

fünf Schwerpunktthemen ausmachen: der Schutz der Öffentlichkeit, der Schutz der Zivilbevölkerung, die Prävention gewaltsamer Konflikte, Fragen von Regierungsführung und Verantwortlichkeit sowie friedensunterstützende Operationen (vgl. Trachsler 2003, S. 86). In der Folge werden auch die *International Commission on Intervention and State Sovereignty* (ICISS 2001) sowie die *Human Security Reports* am *Human Security Centre*, die sich vor allem auf Bedrohungen von Zivilisten infolge bewaffneter und gewaltsamer Konflikte konzentrieren, diesem engen Ansatz zugerechnet.

Der weite Ansatz folgt einem Verständnis menschlicher Sicherheit im Sinne des *Human Development Report* von 1994. Er betont die Komponente *freedom from want*. Hier hat Japan eine Vorreiterrolle eingenommen. Auf seine Initiative geht die Einrichtung eines *Trust Fund for Human Security* unter dem Dach der Vereinten Nationen zurück, mit dem bisher insbesondere Programme zu medizinischer Versorgung, Armutsbekämpfung, Flüchtlingen und Umweltschutz unterstützt wurden.

Auf wesentliche Initiative Japans erfolgte 2001 auch die Einrichtung einer Kommission für menschliche Sicherheit. Unter Leitung der damaligen UNO-Hochkommissarin für Flüchtlinge Sadako Ogata und dem Wirtschaftsnobelpreisträger Amartya Sen legte die Kommission 2003 ihren Bericht vor. Auch diesem liegt ein weites Verständnis menschlicher Sicherheit zugrunde:

> "The Commission on Human Security's definition of human security: to protect the vital core of all human lives in ways that enhance human freedoms and human fulfilment. Human security means protecting fundamental freedoms – freedoms that are the essence of life. It means protecting people from critical (severe) and pervasive (widespread) threats and situations. It means using processes that build on people's strenghts and aspirations. It means creating political, social, environmental, economic, military and cultural systems that together give people the building blocks

of survival, livelihood and dignity." (Commission on Human
Security 2003, S. 4)

Die *Commission on Human Security* (2003) fasst unter menschliche
Sicherheit nicht nur Bedrohungen durch gewaltsame Konflikte,
sondern all jene – auch strukturelle – Aspekte, die ein menschen-
würdiges Leben gefährden können. In ihrem Bericht werden sechs
Bereiche thematisiert: (1) Menschen in Gewaltkonflikten, (2)
Flüchtlinge, Vertriebene oder andere Menschen außerhalb ihrer
Heimat, (3) die Wiederaufbauphase nach Gewaltkonflikten, (4)
Menschen in wirtschaftlicher Not, (5) der Zugang zur gesundheitli-
chen Versorgung sowie (6) die Förderung von Wissen, Fähigkeiten
und Werten (Commission on Human Security 2003; vgl. auch
Trachsler 2003, S. 92f.).

Dabei erweitert die Kommission das Konzept der menschlichen
Sicherheit um eine dritte Komponente, um die Befähigung des
Einzelnen, selbständig ein Leben in Würde führen zu können:

> "Human security naturally connects several kinds of freedom
> – such as freedom from want and freedom from fear, as well as
> freedom to take action on one's own behalf" (Commission on
> Human Security 2003, S. 10).

In diesem Sinne spricht auch der damalige UN-Generalsekretär
Kofi Annan in seinem Bericht „In Larger Freedom" 2005 von
freedom to live in dignity, worunter er insbesondere die Aspekte
Rechtsstaatlichkeit, Menschenrechte und Demokratie fasst (vgl.
A/59/2005 vom 21. März 2005, S. 34ff.). Der ihm nachfolgende
UN-Generalsekretär Ban Ki-moon stellt sie in seinem Bericht 2010
ummittelbar neben die anderen beiden Freiheiten: „Broadly defined,
human security encompasses freedom from fear, freedom from want
and freedom to live in dignity" (A/64/701 vom 08. März 2010, S. 2).

Diesem Begriffsverständnis folgt auch die Generalversammlung der Vereinten Nationen. So schließe menschliche Sicherheit ein:

> „das Recht der Menschen, in Freiheit und Würde und frei von Armut und Verzweiflung zu leben. Alle Menschen, insbesondere die schwächsten, haben Anspruch auf Freiheit von Furcht und Freiheit von Not, mit gleichen Möglichkeiten, alle ihre Rechte auszuüben und ihr menschliches Potenzial voll zu entfalten" (A/Res/66/290 vom 25. Oktober 2012, Ziff. 3a).

Zusammenfassend betrachtet lässt sich menschliche Sicherheit als politisches Konzept fassen, das unterschiedlich eng oder weit definiert werden kann. In seinem weiten Verständnis vereint es humanitäre, entwicklungspolitische und menschenrechtliche Dimensionen in sich. Der Politikwissenschaftler Sascha Werthes (2008, S. 192) spricht von einem „Komplexitätsdreieck". Mit diesem verbindet sich die Chance, den Zusammenhang dieser Komponenten für einen dauerhaften Frieden aufzuzeigen, zugleich aber auch die Gefahr einer fehlenden Unterscheidung beziehungsweise Abgrenzung von menschlicher Sicherheit, menschlicher Entwicklung und Menschenrechten.

3   Gerechter Frieden und menschliche Sicherheit

Wie eingangs erwähnt findet das Konzept der menschlichen Sicherheit auch Eingang in die Friedensdenkschrift der EKD (2007, Kap. 4.5). Mit explizitem Bezug zur Grundkonzeption im *Human Development Report* (1994) heißt es:

> „Die im UNDP-Ansatz miteinander verbundenen Konzepte ‚Menschliche Entwicklung' und ‚Menschliche Sicherheit' richten das Augenmerk auf die Überlebens- und Entfaltungsmöglichkeiten

der einzelnen Menschen unter den verschiedenen gesellschaftlichen und staatlichen Rahmenbedingungen. Die Verknüpfung beider Konzepte entspricht dem auf der menschlichen Würde basierenden Konzept des Gerechten Friedens." (EKD 2007, Ziff. 187)

Diese durch die Autoren der Friedensdenkschrift vorgenommene Verhältnisbestimmung von menschlicher Sicherheit und gerechtem Frieden ist nicht nur eng, sie findet ihren Ausdruck in der Entsprechung (menschliche Sicherheit „entspricht dem [...] Konzept des gerechten Friedens"). Für den Ethiker Jean-Daniel Strub (2010, S. 223) verbindet sich mit dieser Gleichsetzung beider Konzepte eine zentrale Funktion:

> „dass die Diskussion um das Konzept des gerechten Friedens durch eine engere Verknüpfung mit dem *Human Security*-Ansatz zu besserer Vermittelbarkeit mit außertheologischen Debattenlagen finden kann".

Diese Argumentation könnte – so eine mögliche Interpretation – im Sinne der Ausführungen von Reiner Anselm, Vorsitzender der Kammer für Öffentliche Verantwortung der EKD, gelesen werden. Danach beabsichtige die Friedensdenkschrift, ein Konzept zu präsentieren, das zwar im christlichen Glauben verwurzelt sei, aber dennoch gesamtgesellschaftliche Geltung beanspruchen könne. So werden „stets eine christliche und eine vernunftgemäße Deutung präsentiert" (Anselm 2018, S. 52). Ohne an dieser Stelle die Form der Generierung von Orientierungswissen thematisieren oder infrage stellen zu wollen, gibt Strub Weiteres zu bedenken: Eine solche Vorgehensweise setze voraus, „dass die Defizite in funktionaler Hinsicht, die bezüglich beider Ansätze geltend gemacht werden können, berücksichtigt werden" (Strub 2010, S. 223f.). So würde sich die EKD „den weiten Begriff menschlicher Sicherheit in der Fassung des HDR 1994 unkommentiert zu eigen mach[en], ohne

diese friedensethisch bedeutsame Implikation zu diskutieren"
(Strub 2010, S. 228).

4   Zu diesem Band

Diese Kritik soll zum Anlass genommen werden, die Chancen und
Hindernisse des Konzeptes menschlicher Sicherheit sowie sein Verhältnis zum gerechten Frieden zu reflektieren. Die in diesem Band
erfolgte Debatte erstreckt sich von begrifflichen Bestimmungen
und Fragen der konzeptionellen Breite menschlicher Sicherheit
über Auseinandersetzungen um die dem Konzept inhärenten Gefahren bis hin zur Verortung menschlicher Sicherheit im Leitbild
des gerechten Friedens.

Zunächst nimmt *Tobias Debiel* anlässlich des 25-jährigen Bestehens des Konzepts der menschlichen Sicherheit eine Bestandsauf-
nahme vor. Diese fällt ambivalent aus: Während die menschliche
Sicherheit in ihren Anfangsjahren einen wichtigen Referenzpunkt
darstellte und „als Instrument staatlicher Akteure in vielen ihrer
Anliegen erfolgreich war", habe ihre Bedeutung in den Folgejahren
deutlich nachgelassen. So entfalten Konzepte wie die menschliche
Sicherheit „ihre Kraft in Verbindung mit konkreten politischen
Projekten" und erleiden einen Relevanzverlust, „wenn die Rahmenbedingungen normative Fortschritte im Sinne der Ansätze nicht
mehr zulasse[]". Zugleich verweist der Autor auf die Anfälligkeit
des Konzepts für eine „Versicherheitlichung".

Hier knüpft *Gerd Oberleitner* mit seinem Beitrag unmittelbar an.
Er geht den beiden zentralen Kritikpunkten, die beim Konzept der
menschlichen Sicherheit in Anschlag gebracht werden, nach: der
Gefahr einer „Versicherheitlichung" und damit der Verschiebung
von politischen Problemlagen in das Feld der Sicherheitspolitik
mit ihren spezifischen Handlungslogiken sowie der Gefahr der

Förderung einer interventionistischen Politik. Entgegen den Ausführungen von Debiel weist er die Vorwürfe explizit zurück. So
sprechen beide Kritikpunkte „zwar wesentliche Problembereiche
an, werden der Idee menschlicher Sicherheit aber nicht gerecht".

2010 hat der UN-Generalsekretär Ban Ki-moon auf dem Welt-
gipfel der Vereinten Nationen dazu aufgerufen, die menschliche Sicherheit zum „Mainstreaming" zu machen. Vor diesem Hintergrund
untersucht *Thorsten Bonacker*, auf welche Resonanz das Konzept
der menschlichen Sicherheit außerhalb der westlichen Welt stößt.
Dabei lasse sich – so der Autor – keine einheitliche Position des
Globalen Südens generieren. Zur Veranschaulichung stellt er zwei
kritische nicht-westliche Antworten gegenüber: So unterstellen in
einer ersten Kritik insbesondere Staaten mit Dominanzansprüchen
dem Konzept „ein überdehntes Gerechtigkeitsverständnis" und
machen das internationale Prinzip der Nichteinmischung in die
inneren Angelegenheiten stark. Demgegenüber werfen Vertreterinnen und Vertreter postkolonialer Ansätze der menschlichen
Sicherheit „ein verkürztes Gerechtigkeitsverständnis" vor, das
„Fragen globaler Ungleichheit und globaler Machtasymmetrien
zugunsten partikularer und selektiver Interventionen ausblende".

Jean-Daniel Strub beleuchtet das Verhältnis von menschlicher
Sicherheit und gerechtem Frieden. Ausgehend von der Entspre-
chungsthese in der Friedensdenkschrift der EKD untersucht er
Gemeinsamkeiten und Unterschiede beider Leitmotive: Ist das
Konzept der menschlichen Sicherheit in der Lage, konzeptio-
nelle Unschärfen des gerechten Friedens zu klären, und kann es
darüber hinaus sogar als säkulare Übersetzung des christlichen
Leitbildes gelten? Dabei kommt der Autor zu dem Schluss, dass
der Entsprechungsthese Grenzen gesetzt seien. So führe dieser
Anspruch „dem ohnehin schon äußerst voraussetzungsreichen
Human Security-Ansatz […] eine Verständnisdimension hinzu,
die dieser weder postuliert noch implizieren kann". Zudem folge

menschliche Sicherheit einer Sicherheitslogik, während das Leitbild des gerechten Friedens „konsequent vom Frieden her denk[e]".

In einer abschließenden Synthese verweist *Bernd Oberdorfer* auf die Bedeutung von Sicherheit für das friedliche Zusammenleben in den biblischen Traditionen. In der Zusammenschau der Beiträge des Bandes konstatiert er diesen Zusammenhang auch für das Leitbild des gerechten Friedens, betont aber zugleich die Risiken, die mit der Berufung auf die menschliche Sicherheit verbunden seien. Letztlich gehe – so das Fazit des Autors – Sicherheit nicht im Friedensbegriff auf; Sicherheit sei zwar eine Dimension des gerechten Friedens, nicht aber dessen Äquivalent.

Literatur

Anselm, Reiner. 2018. Kategorien ethischen Urteilens im Konzept des gerechten Friedens. In *Gerechter Frieden als Orientierungswissen*, hrsg. von Ines-Jacqueline Werkner und Christina Schües, 49–65. Wiesbaden: Springer VS.

Commission on Human Security. 2003. *Human Security Now*. New York: Commission on Human Security.

Daase, Christopher. 2010a. Der erweiterte Sicherheitsbegriff. http://www.sicherheitskultur.org/WorkingPapers/01-Daase.pdf. Zugegriffen: 17. März 2018.

Daase, Christopher. 2010b. Wandel der Sicherheitskultur. *Aus Politik und Zeitgeschichte* (50): 9–16.

Debiel, Tobias und Sascha Werthes. 2005. Human Security – Vom politischen Leitbild zum integralen Baustein eines neuen Sicherheitskonzeptes? *Sicherheit und Frieden (S+F)* 23 (1): 7–14.

Evangelische Kirche in Deutschland (EKD). 2007. *Aus Gottes Frieden leben – für gerechten Frieden sorgen. Eine Denkschrift des Rates der Evangelischen Kirche in Deutschland*. Gütersloh: Gütersloher Verlagshaus.

Hobbes, Thomas. 1984 [1651]. *Leviathan*. Frankfurt a. M.: Suhrkamp.

International Commission on Intervention and State Sovereignty (ICISS). 2001. *The Responsibility to Protect. Report of the International Commission on Intervention and State Sovereignty.* Ottawa: International Development Research Centre.

Nieberg, Thorsten. 2013. Menschliche Sicherheit. http://www.bpb.de/gesellschaft/migration/kurzdossiers/164862/menschliche-sicherheit. Zugegriffen: 29. März 2018.

Oberleitner, Gerd. 2017. Menschliche Sicherheit: Frieden in Gerechtigkeit oder „Versicherheitlichung" des Friedens? In *Handbuch Friedensethik*, hrsg. von Ines-Jacqueline Werkner und Klaus Ebeling, 717–728. Wiesbaden: Springer VS.

Paris, Roland. 2001. Human Security: Paradigm Shift or Hot Air? *International Security* 26 (2): 87–102.

Strub, Jean-Daniel. 2010. *Der gerechte Friede. Spannungsfelder einer friedensethischen Leitbegriffs.* Stuttgart: Kohlhammer.

Trachsler, Daniel. 2003. Menschliche Sicherheit: Klärungsbedürftiges Konzept, vielversprechende Praxis. In *Bulletin zur schweizerischen Sicherheitspolitik*, hrsg. von Andreas Wenger, 69–103. Zürich: Forschungsstelle für Sicherheitspolitik, ETH Zürich.

Ulbert, Cornelia und Sascha Werthes. 2008. Menschliche Sicherheit – Der Stein des Weisen für globale und regionale Verantwortung? Entwicklungslinien und Herausforderungen eines umstrittenen Konzepts. In *Menschliche Sicherheit. Globale Herausforderungen und regionale Perspektiven*, hrsg. von Cornelia Ulbert und Sascha Werthes, 13–27. Baden-Baden: Nomos.

United Nations Development Programme (UNDP). 1994. *Human Development Report 1994.* Oxford: Oxford University Press.

Werthes, Sascha. 2008. Menschliche Sicherheit – ein zukunftsfähiges Konzept? In *Menschliche Sicherheit. Globale Herausforderungen und regionale Perspektiven*, hrsg. von Cornelia Ulbert und Sascha Werthes, 191–203. Baden-Baden: Nomos.

Human Security
und die Vereinten Nationen
Eine Bestandsaufnahme nach 25 Jahren

Tobias Debiel

1 Einleitung

Was hat das Konzept menschlicher Sicherheit 25 Jahre nach seiner Lancierung durch das Entwicklungsprogramm der Vereinten Nationen (UNDP) erreicht? Wie haben sich seine Bedeutungen und Interpretationen verändert? Als UNDP im Jahr 1994 den neuen Ansatz vorstellte, verbanden sich viele Hoffnungen damit: Würde nun das menschliche Individuum in den Fokus von Sicherheitsbemühungen gestellt? Ließen sich entwicklungs- und sicherheitspolitische Anstrengungen neu ausrichten mit einem klaren Akzent auf die Prävention und die zivile Bearbeitung von Ursachen für Sicherheitsbedrohungen? Tatsächlich leitete die Debatte eine Umorientierung ein. Doch fällt die Bilanz ein Vierteljahrhundert später gemischt aus.

Der nachfolgende Beitrag rekonstruiert Genese und Wandel des Begriffs in den Vereinten Nationen.[1] Dabei verdeutlicht er: Das

---

1 Der Beitrag konzentriert sich dabei vorrangig auf UN-Dokumente und die *policy*-orientierte Diskussion. Er verzichtet darauf, explizit auch

© Springer Fachmedien Wiesbaden GmbH, ein Teil von Springer Nature 2019
I.-J. Werkner und B. Oberdorfer (Hrsg.), *Menschliche Sicherheit und gerechter Frieden*, Gerechter Frieden, https://doi.org/10.1007/978-3-658-25615-9_2

innovative Konzept wurde zwar in unterschiedlichen Varianten
verwendet, so in einer menschenrechtlich und humanitär ausge-
richteten „engeren" Interpretation (*freedom from fear*) und einer
„weiteren" Version, die entwicklungspolitische Dimensionen betonte
te (*freedom from want*). Dennoch war es im ersten Jahrzehnt seines
Bestehens bemerkenswert wirkungsmächtig. Dies beförderte nicht
zuletzt UN-Generalsekretär Kofi Annan, der den Staat als Garant
wie auch als Gefährder menschlicher Sicherheit betrachtete und
einer Neubestimmung staatlicher Souveränität in diesem Bereich
aufgeschlossen gegenüber stand. Dessen Nachfolger, Ban Ki-moon,
nahm dem Ansatz dann jedoch sein kritisches Potenzial und setzte
demgegenüber weitgehend auf den „Sicherheitsgaranten" Staat.

Im UN-Sicherheitsrat wurde die Idee menschlicher Sicherheit
insbesondere durch Initiativen des von Kanada initiierten *Human
Security Network* relevant. Dabei hat sich die Normdichte im Feld
der *Protection of Civilians* deutlich erhöht. Die aus einer dezidiert
souveränitätskritischen Interpretation von *Human Security* hervorgegangene Norm der Schutzverantwortung befindet sich seit
der Libyen-Intervention 2011 hingegen in der Krise. Warnungen,
Human Security könne de facto einer Militarisierung von Politiken
Vorschub leisten (*securitization*), konnten sich bestätigt fühlen. Viel
spricht deshalb dafür, so die Argumentation, Schutzverantwortung
und menschliche Sicherheit nicht allzu eng zu verkoppeln. Der
Beitrag schlussfolgert, dass *Human Security* als Instrument staatlicher Akteure in vielen ihrer Anliegen erfolgreich war. Zugleich
verweist er auf die Ambivalenz, die sich aus der Anfälligkeit des
Konzepts für eine „Versicherheitlichung" ergibt.

---

die reghafte akademische Debatte um das Konzept zu resümieren.

2 Die Innovationen des UNDP-Konzepts

Das Ursprungskonzept menschlicher Sicherheit, wie es das Entwicklungsprogramm der Vereinten Nationen 1994 im gleichlautenden *Human Development Report* entwickelte, war für das UN-System innovativ, und zwar gleich in dreifacher Hinsicht: Erstens verwies es auf die Ambivalenz des Staates. Es machte deutlich, dass in den Dimensionen persönlicher und politischer Sicherheit das Individuum maßgeblich auch durch Staaten und ihre Repressionsapparate bedroht sein kann. Damit hob es den janusköpfigen Charakter des Staates als Garant *und* Gefährder der physischen und psychischen Integrität der und des Einzelnen hervor. Dies war in gewisser Weise ein Stachel im UN-System, das zu diesem Zeitpunkt erst ansatzweise von herkömmlichen Vorstellungen staatlicher Souveränität abrückte.

Zweitens forderte das UNDP-Konzept eine damals neuere Generation von Sicherheitskonzepten heraus. Diese hatten unter dem Begriff der „erweiterten Sicherheit" traditionelle Verständnisse der Sicherheitspolitik sozusagen horizontal ausgedehnt, das heißt über militärische Bedrohungen hinaus auch auf Gefährdungen in den Bereichen Umwelt, Migration, transnationale Kriminalität etc. bezogen. UNDP griff diese nicht-konventionellen Bedrohungen auf, bezog sie aber nicht mehr primär auf den Staat. Vielmehr erhob es nun den Einzelnen zum vorrangigen Referenzpunkt von Sicherheitsüberlegungen. Eine solche Herangehensweise stellte eine Provokation gegenüber klassischen Entwicklungs- wie auch Sicherheitsverständnissen dar, gingen diese doch von relativ klar getrennten Politiksphären aus und fokussierten beide stark auf die staatliche Ebene. Außerdem betonte die UN-Entwicklungsorganisation bei diesen nicht-militärischen Bedrohungen die Notwendigkeit, präventive und zivile Maßnahmen einzusetzen. UNDP wurde zum Trendsetter in den Vereinten Nationen.

Drittens setzte UNDP gerade im Feld persönlicher Sicherheit einen Akzent auf besonders verwundbare Gruppen – und hob damit frühzeitig einen Bereich prominent hervor, den der UN-Sicherheitsrat später in zahlreichen Resolutionen zur *Protection of Civilians* und zur Rolle von Frauen in Konflikten aufgreifen sollte.

3 Menschliche Sicherheit im ersten Jahrzehnt: eine Erfolgsstory

Im ersten Jahrzehnt seines Bestehens war das Konzept menschlicher Sicherheit im multilateralen Rahmen wirkungsmächtig und eine tatsächliche Erfolgsstory. Neben dem weiten Ansatz von UNDP, der insbesondere von Japan unterstützt und durch den Bericht „Human Security Now" (Commission on Human Security 2003) weiterentwickelt wurde, etablierte sich als „Konkurrent" auch ein engeres Verständnis. Dieses trieb vor allem Kanada (aber auch Länder wie Norwegen) voran. Es betonte deutlich den „harten" Aspekt *freedom from fear* gegenüber der „weicheren" Dimension *freedom from want*. Insofern war es terminologisch trennschärfer in seiner Abgrenzung vom Konzept menschlicher Entwicklung, das ebenfalls auf UNDP zurückgeht. Bemerkenswerterweise blockierten sich die beiden unterschiedlich gelagerten Initiativen jedoch nicht. Vielmehr trugen sie dazu bei, Veränderungen in unterschiedlichen Handlungsfeldern voranzutreiben.

So gelang es den Vertretern des engen Ansatzes, in ausgewählten Bereichen völkerrechtlich bindende Regelungen zu erzielen. Zu den bekannteren Beispielen zählen die Ottawa-Konvention über das Verbot von Antipersonenminen (1997) sowie die Einrichtung des Internationalen Strafgerichtshofs (1998), außerdem das Fakultativprotokoll über die Rechte des Kindes betreffend der Beteiligung von Kindern an bewaffneten Konflikten (2000). Ein wichtiges Forum bildet das bereits erwähnte, vorrangig von Kanada und Norwegen gegründete *Human Security Network*.

Der von Japan favorisierte breite Ansatz konnte wiederum neue Förderformate im UN-Entwicklungssystem einrichten, so beispielsweise den *UN Trust Fund for Human Security* im Jahre 1999, der Akzente gerade auf Nachkriegssituationen legte. Ihn unterstützt seit 2004 die *Human Security Unit* durch *Advocacy*-Arbeit, die das Thema immer wieder auf der politischen Tagesordnung zu halten versucht.[2] Impulse wurden damit insbesondere für Post-Konflikt-Situationen gesetzt. Und zu einem *Mainstreaming* im UN-System will die *Inter-Agency Working Group on Human Security* beitragen, die die Säulen Entwicklung, Sicherheit und Frieden sowie Menschenrechte verbinden soll und *Human Security* zu einem Querschnittsthema für UN-Agenturen macht.

4 Der Millennium-plus-5-Gipfel als Wegmarkierung

Das Konzept menschlicher Sicherheit fand in Kofi Annan einen prominenten Unterstützer. In seinem Bericht „We the Peoples" (Annan 2000) hob der UN-Generalsekretär die Notwendigkeit hervor, verwundbare Bevölkerungsgruppen zu schützen. Dabei betonte er die Prävention, machte aber auch deutlich, dass diese nicht immer ausreicht:

> "While prevention is the core feature of our efforts to promote human security, we must recognize that even the best preventive and deterrence strategies can fail. Other measures, therefore, may

---

2 Vgl. https://www.un.org/humansecurity/human-security-unit/. Zugegriffen: 7. Januar 2019.

be called for. One is to strengthen our commitment to protecting vulnerable people" (Annan 2000, S. 46).

In seinem Bericht „A More Secure World: Our Shared Responsibility" verwies Kofi Annan (2004, S. 1) auf die Gefahren, die durch nicht-staatliche und staatliche Akteure zugleich menschlicher wie staatlicher Sicherheit drohen:

> "[W]e know all too well that the biggest security threats we face now, and in the decades ahead, go far beyond states waging aggressive war. They extend to poverty, infectious disease and environmental degradation; war and violence within states; the spread and possible use of nuclear, radiological, chemical and biological weapons; terrorism; and transnational organized crime. The threats are from non-state actors as well as states, and to human security as well as state security."

Auch betonte er die Bedeutung von Entwicklungsmaßnahmen für die Garantie menschlicher Sicherheit: Schließlich führte er in „In Larger Freedom" (Annan 2005, S. 34ff.) aus, wie zentral die Einhaltung von Rechtsstaatlichkeit (*rule of law*) ist. Neben der *freedom from want and fear* sei sie die notwendige Voraussetzung dafür, dass Menschen mit Würde und Respekt behandelt werden.

Sowohl im Vorfeld des Millennium-Gipfels als auch des Millennium-plus-5-Gipfels platzierte UN-Generalsekretär Kofi Annan das Konzept menschlicher Sicherheit prominent und ambitioniert auf der internationalen Agenda. Demgegenüber blieben die Berichte seines Nachfolgers wie auch die Diskussionen und Resolutionen der UN-Generalversammlung „ohne Biss". Enttäuschend verlief die Verankerung menschlicher Sicherheit in den Beschlüssen der UN-Generalversammlung. Zwar erkannte die UN-Generalversammlung 2005 in Ziffer 143 des *World Summit Outcome Document* an, „that all individuals, in particular vulnerable people, are entitled to freedom from fear and freedom from want" (UN-Dok.

A/RES/60/1 vom 24. Oktober 2005). Doch bedeuteten die nachfolgenden Diskussionen und Resolutionen eher einen Rückschritt für den kritischen Impetus des Konzepts.

Die nur selektive Aufnahme des Konzepts in UN-Dokumente hat zu seiner „Zähmung" beigetragen. So reduzierte die Generalversammlung in ihrer Resolution 2012 das Konzept auf einen „approach to assist Member States in identifying and addressing widespread and cross-cutting challenges to the survival, livelihood and dignity of their people" (UN-Dok. A/RES/290 vom 10. September 2012, Ziff. 4). Damit wurde das Spannungsverhältnis zwischen staatlicher Souveränität einerseits und Menschenrechten sowie menschlicher Würde andererseits zugunsten ersterer verschoben. Die Stärkung staatlicher Kapazitäten rückte in den Vordergrund, um einen auf menschliche Sicherheit orientierten Ansatz umzusetzen. Ähnlich verhielt es sich bei den Berichten von Annans Nachfolger Ban Ki-moon 2010 und 2012. Sie nahmen zwar zahlreiche Dimensionen vorheriger Berichte auf, gaben allerdings den Akzent Annans, den real existierenden Staat auch skeptisch in seinen (Un-)Sicherheitsfunktionen zu sehen, zugunsten einer „Partnerschaft zwischen Regierung und Bürgern" (Ban 2010, Ziff. 21) auf. Hinter diesen Verschiebungen stand zum einen die zunehmende Zurückhaltung gegenüber Eingriffen in die staatliche Souveränität. Zum anderen spiegelt sie aber auch unterschiedliche Verständnisse wider, wie unabhängig und pro-aktiv sich ein UN-Generalsekretär gegenüber der Staatengemeinschaft positionieren sollte.

5   Menschliche Sicherheit und die Schutzverantwortung

Der Begriff menschlicher Sicherheit ist in einem weiten Spektrum von Positionierungen verwendet worden. Dieses reicht von der Infragestellung traditioneller Auffassungen staatlicher Souveränität bis hin zu einem Verständnis, das menschliche Sicherheit primär oder allein über Staaten garantiert sieht. Strittig ist dabei nicht zuletzt, ob massive Verletzungen menschlicher Sicherheit, so etwa bei Kriegsverbrechen, Verbrechen gegen die Menschlichkeit, Genozid und „ethnischen Säuberungen", auch mit Zwangsgewalt durch die internationale Staatengemeinschaft unterbunden werden sollten. Eine ablehnende Position vertrat insbesondere Ban Ki-moon 2010 in seinem Bericht zu menschlicher Sicherheit, in dem er feststellte:

> "The use of force is not envisaged in the application of the human security concept. The focus of human security is on fostering Government and local capacities and strengthening the resilience of both to emerging challenges in ways that are mutually reinforcing, preventive and comprehensive" (Ban 2010, Ziff. 23).

Dahinter verbirgt sich aber auch eine ernüchterte Haltung zum Potenzial internationaler Interventionen, die in zahlreichen Fällen – so etwa Afghanistan – keinen dauerhaften Frieden mit sich gebracht haben und nur selten zu einer Transformation von Bürgerkriegsländern beitragen konnten.

In der öffentlichen und wissenschaftlichen Wahrnehmung wird demgegenüber das Konzept häufig mit interventionistischen Vorstellungen gleichgesetzt. Dies ist maßgeblich auf den 2001 erschienenen Bericht der *International Commission on Intervention and State Sovereignty* (ICISS) „The Responsibility to Protect" unter Federführung von Gareth Evans und Mohamed Sahnoun zurückzuführen. Der Bericht argumentierte explizit, dass angesichts von Bedrohungen menschlicher Sicherheit der Staat eine besondere Verantwortung habe. Souveränität bedeute nicht nur ein Abwehrrecht gegen äußere Bedrohungen, sondern auch eine Verantwortung für den Schutz der eigenen Bevölkerung. Wenn der Staat diese nicht erfüllen könne oder wolle, gehe diese Schutzverantwortung auf die internationale Gemeinschaft über. Explizit hob der Bericht dabei hervor, dass menschliche Sicherheit „can be put at risk by external aggression, but also by factors within a country, including ‚security' forces" (ICISS 2001, S. 15). Durchaus drastisch formulierte der ICISS-Bericht (2001, S. 15):

> "When rape is used as an instrument of war and ethnic cleansing, when thousands are killed by floods resulting from a ravaged countryside and when citizens are killed by their own security forces, then it is just insufficient to think of security in terms of national or territorial security alone. The concept of human security can and does embrace such diverse circumstances."

Das *World Summit Outcome Document 2005* griff, zur Überraschung vieler Beobachterinnen und Beobachter, in seinen Ziffern 138 und 139 die *Responsibility to Protect* (R2P) auf, wenn auch in abgeschwächter Form (UN-Dok. A/RES/60/1 vom 24. Oktober 2005). Allerdings fehlt in diesen beiden Abschnitten jeglicher Bezug zur menschlichen Sicherheit, obwohl die Generalversammlung dieses Konzept einige Absätze später – wie bereits ausgeführt – in ihre Erklärung aufnahm.

6 Menschliche Sicherheit im UN-Sicherheitsrat

Im Gegensatz zur Generalversammlung ist der Begriff der *Human Security* für die Resolutionen des UN-Sicherheitsrates im enge-

ren Sinne nicht besonders einschlägig. Zugleich hat das zentrale
Organ zur Sicherung des Weltfriedens in mehrfacher Weise die
Debatten um menschliche Sicherheit berücksichtigt: Zunächst
verabschiedete der UN-Sicherheitsrat infolge von Initiativen des
Human Security Network allein zwischen 1999 und Juni 2013
einstimmig insgesamt zwanzig Resolutionen, die sich mit dem
Schutz von Zivilistinnen und Zivilisten, Kindern und Frauen in
bewaffneten Konflikten befassten (vgl. Engle 2013, S. 5); darunter
befand sich auch ein Beschluss zum Schutz von Journalistinnen
und Journalisten (UN-Dok. S/RES/1738 vom 23. Dezember 2006).
Der UN-Sicherheitsrat benutzt dabei das, was man als *human
security language* bezeichnen kann. Mit anderen Worten: Die
Resolutionen greifen zentrale Kategorien menschlicher Sicherheit
auf, die insbesondere durch die *freedom from fear* erfasst werden
(Verletzung von Menschenrechten, Gefährdung von vulnerablen
Gruppen, sexuelle Gewalt etc.). Explizit findet sich der Begriff
„menschliche Sicherheit" in Wortbeiträgen von Mitgliedern des
UN-Sicherheitsrates beziehungsweise von Teilnehmenden an
Sitzungen, die häufig dem *Human Security Network* angehören.

Über die Betrachtung als Opfer sexueller Gewalt hinaus befasste
sich der UN-Sicherheitsrat zudem mit dem Beitrag, den Frauen
aktiv zur Beilegung kriegerischer Gewaltkonflikte leisten können.
In diesen Bereich fallen die Resolutionen S/RES/1325 vom 31.
Oktober 2010 und S/RES/1889 vom 5. Oktober 2009, die sowohl
die Mitgliedstaaten als auch die Vereinten Nationen selbst in die
Verantwortung nehmen. So sollen Frauen verstärkt in wichtige
Prozesse der friedlichen Streitbeilegung miteinbezogen und als
Entscheidungsträgerinnen in Führungspositionen gestärkt wer-
den. Ebenso mahnen die Resolutionen den Schutz der Rechte von
Frauen und Kindern an.

Zudem kommt der Begriff der *Human Security* immer wieder in
Presidential Statements und bei Diskussionen im UN-Sicherheits-

rats, den sogenannten *Meeting Records*, vor. Diese Verankerung in der Diplomatie drückt sich auch darin aus, dass der Terminus in Briefen an den Präsidenten des UN-Sicherheitsrats Erwähnung findet. Dass der UN-Sicherheitsrat den Begriff in Resolutionen nicht völlig meidet, zeigte jüngst die Resolution S /RES/ 2358 vom 14. Juni 2017, in der menschliche Sicherheit als Ziel von Friedensbemühungen in Somalia Eingang in die Präambel gefunden hat.

7 Krise der Schutzverantwortung = Krise menschlicher Sicherheit?

Bemerkenswerterweise beschäftige sich der UN-Sicherheitsrat ausdrücklicher mit dem Konzept der Schutzverantwortung als mit dem der menschlichen Sicherheit. Bereits drei Jahre nach dem Erscheinen des ICISS-Berichts nahm der UN-Sicherheitsrat im Falle Darfurs auf die emergente Norm *implizit* Bezug: Zum wiederholten Male forderte er von der sudanesischen Regierung den Schutz von Zivilistinnen und Zivilisten in bewaffneten Konflikten ein (UN-Dok. S/RES/1564 vom 18. September 2004). Auch drohte er Sanktionen an und setzte unter Erwähnung der Anti-Genozid-Konvention eine Untersuchungskommission ein. Diese stellte im Januar 2005 Verbrechen gegen die Menschlichkeit und Kriegsverbrechen fest, sah aber nicht den Tatbestand einer genozidalen Politik als erfüllt an (UN-Dok. S/ 2005/60 vom 25. Januar 2005).

Zehn Jahre nach Entwicklung der Schutzverantwortung appellierte der UN-Sicherheitsrat in seinen Resolutionen S/RES/1970 vom 26. Februar 2011 und S/RES/1973 vom 17. März 2011 dann *explizit* „the Libyan authorities' responsibility to protect its population" an. Wenig später, am 30. März 2011, bekräftigte er in der Resolution S/RES/1975 angesichts der Gewalt in der Côte d'Ivoire „the primary responsibility of each State to protect civilians". Das

Organ läutete damit den gerade von Frankreich unterstützten Gewalteinsatz von UN-Truppen ein.

Den von vielen als Fortschritt begrüßten Resolutionen zur *Responsibility to Protect* (R2P) folgte allerdings die Ernüchterung. Gerade im Falle Libyens hat der Bezug auf die Schutznorm eine prekäre Wirkung gezeitigt. Denn hier war die R2P Anlass für eine westlich geführte Ad-hoc-Koalition, nicht nur die Zivilbevölkerung zu schützen, sondern auch die Regierung von Muammar al-Gaddafi zu stürzen. Wenn aber die R2P die normative Grundlage für einen Regimesturz wie in Libyen bilden kann, so stellen sich zugleich kritische Anfragen an ihren ethischen wie politischen Kerngehalt beziehungsweise ihre Instrumentalisierbarkeit. Vor diesem Hintergrund muss es ambivalent erscheinen, dass *Human Security* zeitweise primär mit Blick auf Interventionsmöglichkeiten der internationalen Staatengemeinschaft diskutiert wurde – denn dann ist auch menschliche Sicherheit vor einer missbräuchlichen Verwendung nicht gefeit.

8   Fazit und Einordnung

Menschliche Sicherheit hat es vermocht, in der zweiten Hälfte der 1990er Jahre die Schnittstelle von Entwicklungs- und Sicherheitsfragen neu zu definieren und die Politikfelder nicht mehr als zwei getrennte Sphären zu behandeln. Ein gutes Jahrzehnt lang war das Konzept in seinen verschiedenen Ausprägungen ein probater Referenzpunkt, um politische Projekte (Anti-Landminen-Kampagne, Etablierung des Internationalen Strafgerichtshofs etc.) voranzutreiben und das sich etablierende Feld des Post-Konflikt-*Peacebuilding* zu unterstützen. Gerade beim Schutz von Zivilistinnen und Zivilisten und vulnerablen Gruppen hat es maßgeblich dazu beigetragen, dass der UN-Sicherheitsrat sich eingehend mit diesen Fragen befasst hat.

Das in der Folge des Millennium-plus-5-Gipfels einsetzende, nur selektive Aufgreifen durch die UN-Generalversammlung nahm der menschlichen Sicherheit allerdings einiges von ihrer kritischen Substanz. Auch entkoppelte UN-Generalsekretär Ban Ki-moon in einem Bericht von 2010 die *Human Security* ausdrücklich von der Schutzverantwortung. Zugleich bleibt eine zugespitzte, souveränitätskritische Interpretation der menschlichen Sicherheit in der öffentlichen Wahrnehmung mit der Genese der R2P verbunden, wie sie in ihrer Ursprungsvariante 2001 durch die ICISS formuliert worden war. Entsprechend steht dieses Verständnis von *Human Security* infolge der Krise der R2P unter besonderem Legitimationsdruck.

Skeptiker haben schon früh vor derartigen Fallstricken gewarnt. Neben Kritik an einer pro-interventionistischen Interpretation haben sie auch davor gewarnt, durch *Human Security* einer „Versicherheitlichung" (*securitization*) vieler gesellschaftlicher Bereiche Vorschub zu leisten. Damit werde, so die Argumentation, gewollt oder ungewollt einer globalen Erweiterung militärischer Funktionen der Weg bereitet. Infolge der Verschiebung des Sicherheitsdiskurses nach dem 11. September 2001 ist diese im Bereich der Terrorbekämpfung mittlerweile gang und gäbe. Aber auch Energie- und Klimaprobleme, organisierte Kriminalität oder Flüchtlingsströme werden zu Sicherheitsfragen erhoben. Dies ist gewiss nicht primär auf den Bedeutungszuwachs von *Human Security* zurückzuführen; jedoch war ein Teil dieses Diskurses gegenüber vorschnellen militärischen Versuchungen nicht immun. Ob dieser „Kollateralschaden" des Konzepts die Verdienste aufwiegt, ist eine offene Frage.

Jedes Konzept hat seine Zeit, seine Stärken und Schwächen. Mit der Etablierung des Post-Konflikt-*Peacebuilding* haben die japanischen Initiativen an Bedeutung verloren. Das *Human Se-*

curity Network bleibt gerade bei der *Protection of Civilians* oder auch der Kontrolle von Kleinwaffen ein wichtiger Akteur, wird aber absehbar nicht die großen Initiativen der 1990er Jahre starten oder gar umsetzen können. Der Sicherheitsrat wird sich auch in Zukunft mit Fragen befassen, die im engen Kontext von *Human Security* stehen. Allerdings handelt es sich eher um segmentierte Teilbereiche der Sicherheitsratsagenda als dass *Human Security* einen übergeordneten Rahmen für seine Gesamttätigkeit abgeben könnte. Zudem spricht viel dafür, dass die aus einem bestimmten, pointiert souveränitätskritischen *Human Security*-Diskurs hervorgegangene R2P sich absehbar nicht von ihrer Erosion durch die Libyen-Intervention erholt.

Menschliche Sicherheit kann als zeitweise erfolgreiches Instrument von Staaten angesehen werden. Einige wollten sich – wie etwa Japan – multilateral profilieren; bei anderen – so vor allem Kanada oder Norwegen – spielte neben diesen Reputationsgewinnen auch eine Rolle, dass sie auf innergesellschaftlichen Druck reagieren mussten. Bei alldem gilt: Konzepte wie die der menschlichen Sicherheit entfalten ihre Kraft in Verbindung mit konkreten politischen Projekten – und verlieren an Bedeutung, wenn die Rahmenbedingungen normative Fortschritte im Sinne der Ansätze nicht mehr zulassen. Am besten gerecht werden wir diesen Konzepten insofern, wenn wir sie nicht als theoretisch eingehend reflektierte Konstrukte, sondern maßgeblich auch als Projektionsflächen verstehen. Diese spiegeln normative Vorstellungen in bestimmten Zeiten wider – und mobilisieren Argumente und Menschen in politischen Diskursen. Dies ist nicht wenig. Und menschliche Sicherheit braucht sich da nicht zu verstecken, im Gegenteil. Zugleich ist die Gefahr nicht von der Hand zu weisen, dass menschliche Sicherheit auch eine Militarisierung von Politik begünstigt hat. Umso notwendiger erscheint es, die originär zivile und präventive Komponente zu betonen. Mit ihrem Fokus auf besonders verwundbare Gruppen trägt sie nicht nur zur Entwicklung des humanitären Völkerrechts bei, sondern kann auch eine wichtige Rolle bei der Umsetzung der *Sustainable Development Goals* spielen.[3]

Literatur

Annan, Kofi. 2000. *We the Peoples: The Role of the United Nations in the 21st Century. Report of the UN Secretary-General.* New York: Vereinte Nationen.

Annan, Kofi. 2004. *A More Secure World: Our Shared Responsibility. Report of the UN Secretary-General.* New York: Vereinte Nationen.

Annan, Kofi. 2005. *In Larger Freedom: Towards Development, Security and Human Rights for All. Report of the UN Secretary-General.* UN-Dok. A/59/2005. New York: Vereinte Nationen.

Ban, Ki-moon. 2010. *Human Security. Report of the UN Secretary-General.* UN-Dok. A/64/701 vom 8. März 2010. New York: Vereinte Nationen.

Ban, Ki-moon. 2012. *Follow-up to General Assembly Resolution 64/291 on Human Security. Report of the Secretary-General.* UN-Dok. A/66/763 vom 5. April 2012. New York: Vereinte Nationen.

Commission on Human Security. 2003. *Human Security Now.* New York: Vereinte Nationen.

Engle, Karen. 2013. The Grip of Sexual Violence: Reading United Nations Security Council Resolutions on Human Security. *Public Law and Legal Theory Research Papers* (539): 1–29.

International Commission on Intervention and State Sovereignty (ICISS). 2001. *Responsibility to Protect. Report of the International Commission on Intervention and State Sovereignty.* Ottawa: International Development Research Centre.

United Nations Development Programme (UNDP). 1994. *Human Development Report.* Oxford: Oxford University Press.

---

3 Vgl. https://www.un.org/humansecurity/what-is-human-security/. Zugegriffen: 7. Januar 2019.

Menschliche Sicherheit – Versicherheitlichung und Interventionsbegründung oder ein Beitrag zum gerechten Frieden?

Gerd Oberleitner

1   Einleitung

Das Konzept menschlicher Sicherheit (*human security*) hat, seit seiner Begründung im *Human Development Report* des UNDP (*United Nations Development Programme*) von 1994, eine globale politische Wirksamkeit entfalten können. Die Idee menschlicher Sicherheit hat den Anstoß gegeben, Sicherheit vertikal wie horizontal neu zu denken: als Verschiebung des Fokus vom Staat auf das Individuum, als Erweiterung des Themenspektrums sicherheitsrelevanter Risiken und Bedrohungen, als Rechtsanspruch Einzelner und als gemeinschaftlicher Wert. Zugleich war das Konzept aber immer auch mit Kritik hinsichtlich seiner analytischen Nützlichkeit konfrontiert. Insbesondere die Breite des Konzepts wurde kontrovers diskutiert: Geht es darum, den Staaten *ad hoc*-Reaktionen auf schwerste Bedrohungen von Leib

© Springer Fachmedien Wiesbaden GmbH, ein Teil von Springer Nature 2019
I.-J. Werkner und B. Oberdorfer (Hrsg.), *Menschliche Sicherheit und gerechter Frieden*, Gerechter Frieden, https://doi.org/10.1007/978-3-658-25615-9_3

und Leben zu erlauben, oder soll eher die Beseitigung struktureller Bedrohungslagen und Risiken im Vordergrund stehen.[1]

Neben dem Vorwurf der analytischen Unschärfe hat das Konzept insbesondere in zweierlei Weise Kritik auf sich gezogen: Zum einen steht der Vorwurf im Raum, menschliche Sicherheit führe zu einer „Versicherheitlichung", also zu einer Umdeutung von Problemlagen zu Sicherheitsfragen. Und dies würde – so die Kritiker – zu einer unerwünschten Verschiebung von Problemen, Bedrohungen und Risiken aus dem Bereich der üblichen politischen Auseinandersetzungen und Handlungsoptionen in das Feld von Sicherheitspolitik und deren Institutionen und Maßnahmen führen. Zum anderen stellen Kritiker die Frage, ob menschliche Sicherheit nicht lediglich eine weitere Rechtfertigung für humanitäre Interventionen (westlicher) Staaten sei. Das Konzept wäre damit nur eine Variation anderer Begründungsansätze (wie etwa der Schutzverantwortung – *Responsibility to Protect*, R2P) und mit den gleichen Problemen behaftet wie jede Form der Intervention.

Ausgehend von einer kurzen Darstellung der Idee und des (normativen) Inhalts des Konzepts menschlicher Sicherheit geht der Beitrag diesen beiden Vorwürfen nach und weist sie letztlich zurück: Sowohl die aus sicherheitstheoretischer Sicht erhobene Kritik einer Versicherheitlichung als auch der Vorwurf des Interventionismus sprechen zwar wesentliche Problembereiche an, werden der Idee menschlicher Sicherheit aber nicht gerecht. Sie sollten jedoch Anlass sein, die ins Stocken geratene Weiterführung und Operationalisierung des Konzepts menschlicher Sicherheit im Sinne seiner Vertiefung anzuregen.

---

1   Letztere Sichtweise wird nunmehr auch als „durable human security" (Anderson-Rodgers und Crawford 2018, S. 173ff.) bezeichnet.

2 Die Idee menschlicher Sicherheit

Das Konzept menschlicher Sicherheit geht im Wesentlichen auf den 1994 von den Vereinten Nationen verfassten *Human Development Report* von zurück. Im Kern fordert das Konzept einen Verständniswandel des Sicherheitsbegriffs weg vom staatenzentrierten Konzept nationaler Sicherheit hin zu einer an den Bedürfnissen von Einzelmenschen orientierten Sichtweise. Einerseits hebt es alltägliche Bedrohungen und Risiken als für den Einzelnen zentrale Sicherheitsfragen hervor, andererseits bezieht das Konzept bereits im Sicherheitsbegriff die Idee der Menschenwürde (wie sie insbesondere in den internationalen Menschenrechten zum Ausdruck gebracht wird) mit ein. Ferner soll es die Kapazität von Individuen und Gemeinschaften stärken, auf Bedrohungen und Risiken zu reagieren und eine entsprechende Resilienz dagegen aufzubauen (UNDP 1994, S. 22ff.; Ogata und Cels 2003).

Ein enger staatszentrierter Sicherheitsbegriff wurde in andere Bereiche hineingetragen, um auf die Herausforderungen des veränderten geopolitischen Umfeldes nach dem Kalten Krieg zu reagieren: auf neue transnationale Bedrohungsszenarien, neue Formen von *Global Governance*, ein sich wandelndes Verständnis staatlicher Souveränität und neue hybride Konflikte. Zugleich kann das Konzept menschlicher Sicherheit als begleitende Reaktion auf das Entstehen individueller strafrechtlicher Verantwortlichkeit und die zunehmende Bedeutung der Menschenrechte verstanden werden. Bereits der *Human Development Report* 1994 hat Sicherheit vielschichtig gefasst: als wirtschaftliche Sicherheit, Ernährungssicherheit, gesundheitliche Sicherheit, Umweltsicherheit, persönliche Sicherheit sowie gesellschaftliche und politische Sicherheit (UNDP 1994, S. 24ff.).

Im Ergebnis bedeutete dies ein Verständnis von Sicherheit, das weniger auf (nationalen) Interessen als auf universellen Werten und

Gerechtigkeitsvorstellungen basiert. Menschenwürde, Lebensqualität und Zukunftschancen von Einzelnen und Gemeinschaften verorten sich im Sicherheitsbegriff neben (und vielleicht sogar über) nationaler Sicherheit. Dahinter steht die Einsicht, dass ein Staat mit unsicheren Bewohnern kein sicherer Staat sein kann. Konsequenterweise kann dann auch staatliche Souveränität ihre Begründung nicht in sich selbst finden. Sie ergibt sich aus der Sicherstellung stabiler und effektiver rechtsstaatlicher Strukturen zur Gewährleistung menschlicher Sicherheit, welche ihrerseits wiederum dazu dient, die Rechte Einzelner zu achten. Staatliche Souveränität wird damit eingegrenzt, bleibt aber zugleich in konditionierter Form notwendig zur Schaffung und Gewährleistung von Sicherheit in einem an Menschenrechten orientierten Rahmen (Oberleitner 2014).

Offen blieb dabei die Breite dieses neuen Sicherheitsbegriffs: Sollte er eng gedacht werden, um operativ auf Kernbedrohungen wie willkürliche staatliche Gewalt, bewaffnete Konflikte, Verbrechen gegen die Menschlichkeit und organisierte Kriminalität reagieren zu können, oder breit sein und eine holistische und (zumindest) die globale Entwicklungsdimension einbeziehende Form annehmen (vgl. Tadjbakhsh 2014)? Insbesondere die 2001 gegründete Kommission für menschliche Sicherheit definierte das Ziel menschlicher Sicherheit sehr breit:

> "to protect the vital core of all human lives in ways that enhance human freedoms and human fulfilment. Human security means protecting fundamental freedoms – freedoms that are the essence of life. It means protecting people from critical (severe) and pervasive (widespread) threats and situations. It means using processes that build on people's strengths and aspirations. It means creating political, social, environmental, economic, military and cultural systems that together give people the building blocks of survival, livelihood and dignity" (Commission on Human Security 2003, S. 4).

3 Der normative Gehalt menschlicher Sicherheit

Das Spannungsverhältnis zwischen nationaler und menschlicher Sicherheit war bereits in der Satzung der Vereinten Nationen 1945 angelegt. In ihr wird einerseits territoriale Integrität und politische Unabhängigkeit der Staaten auf der Basis der souveränen Gleichheit und dem Gebot der Nichteinmischung in die inneren Angelegenheiten von Staaten als Grundstruktur der internationalen Beziehungen betont, andererseits aber auch die Achtung der Menschenrechte als wesentliche Kooperationsaufgabe der Vereinten Nationen anerkannt. Die Idee menschliche Sicherheit konnte von den Vereinten Nationen daher auch nur in diesem Spannungsverhältnis diskutiert werden (vgl. Newman 2014, S. 225).

Erste Hinweise zu menschlicher Sicherheit finden sich 2000 im Millennium-Bericht „We the Peoples" sowie 2005 im Bericht „In Larger Freedom" des UN-Generalsekretärs. 2005 verständigten sich die Vereinten Nationen im *World Summit Outcome Document* darauf, menschliche Sicherheit als Aufgabe der Vereinten Nationen zu definieren. 2012 einigten sie sich schließlich auf ein gemeinsames Verständnis menschlicher Sicherheit. Die Generalversammlung der Vereinten Nationen sieht dabei in ihrer Resolution 66/290 vom 25. Oktober 2012 menschliche Sicherheit in verschiedener Gestalt: als Ausdruck des Rechts, frei von Armut, Verzweiflung, Furcht und Not zu sein, als präventiven Ansatz, um Einzelne und Gemeinschaften zu schützen, und als Befähigung zur Krisenbewältigung. Damit wird menschliche Sicherheit als Verknüpfung von Entwicklung, Frieden und Sicherheit, basierend auf Menschenrechten, verstanden.

Zugleich hat diese Resolution menschliche Sicherheit aber auch deutlich von der Idee der Schutzverantwortung (*Responsibility to Protect*, R2P) abgegrenzt. Für die Vereinten Nationen kann

menschliche Sicherheit weder nationale Sicherheit verdrängen noch
die Anwendung von Gewalt gegen die territoriale Integrität und
politische Unabhängigkeit von Staaten erlauben. Die Vereinten
Nationen haben das Konzept damit (wie zu erwarten) nur bei
gleichzeitiger Betonung staatlicher Souveränität anerkannt. Auch
einschlägige *Policy*-Dokumente wie beispielsweise der strategische
Plan 2014–2017 der *UN Human Security Unit* gehen nicht von
dieser Sichtweise ab.

Auch der UN-Sicherheitsrat reagiert nunmehr verstärkt auf
Bedrohungen menschlicher Sicherheit. Ohne sich ausdrücklich
auf das Konzept zu beziehen, hat er eine Reihe an Resolutionen im
Geiste der Idee menschlicher Sicherheit verabschiedet, etwa die
Resolution 1265 (1999) zum Schutz von Zivilpersonen in bewaffneten Konflikten oder die Resolution 1325 (2000) über die Rolle
von Frauen in bewaffneten Konflikten. Letztere führt eine Gen-
der-Perspektive menschlicher Sicherheit mit Friedenssicherung,
Menschenrechten, humanitärem Völkerrecht, Völkerstrafrecht
und Flüchtlingsrecht zusammen. Insbesondere in Friedensope-
rationen und Aufbaumissionen nach Konflikten bleibt aus Sicht
des Sicherheitsrates das *Mainstreaming* menschlicher Sicherheit
für die integrierte Umsetzung sicherheitsrelevanter Politiken
bedeutsam (vgl. Benedek 2010, S. 13ff.). Am stärksten drückt sich
die Idee menschlicher Sicherheit im Bemühen des Sicherheitsrates
um den Schutz von Zivilpersonen in bewaffneten Konflikten aus.
Die *Protection of Civilians*-Agenda, mit der sich der Sicherheitsrat seit der ersten einschlägigen Resolution von 1999 zum Hüter
humanitär-rechtlicher Grundnormen gemacht hat, spiegelt viel
von den Ideen der menschlichen Sicherheit wider. Letztlich hat
sich menschliche Sicherheit aber nicht zu einer Rechtsnorm des
Völkerrechts entwickelt, sondern bleibt ein umstrittenes politisches Konzept mit normativer Ausrichtung. Dies gilt auch dort,
wo sich einzelne Regeln des Völkerrechts an Ideen menschlicher

Sicherheit orientieren oder diese zum Ausdruck bringen, also vor allem im humanitären Völkerrecht und in den Menschenrechten, aber auch beim Verbot von Landminen, dem Schutz von Kindern in bewaffneten Konflikten und dem Kampf gegen transnationale organisierte Kriminalität oder gegen den Handel mit Kleinwaffen. Aus völkerrechtlicher Sicht bilden Menschenrechte den Kerngehalt menschlicher Sicherheit (Ramcharan 2004, S. 40). Auch wenn die Unterscheide zwischen dem politischen Konzept menschlicher Sicherheit und den Menschenrechten zu betonen sind, erheben doch beide Bereiche die Forderung, das Individuum in den Vordergrund zu stellen und Sicherheit vielgestaltig als Ausdruck menschlicher Bedürfnisse und menschlicher Würde zu betrachten. Zugleich ist festzuhalten, dass die politische und zum Teil auch völkerrechtliche Bedeutung, welche menschliche Sicherheit in den 1990er Jahre erlangen konnte, mit den geopolitischen Entwicklungen des letzten Jahrzehnts nicht nur zurückgedrängt wurde, sondern bis auf politische und akademische Nischen buchstäblich verschwunden scheint. Fehlgeschlagene Anwendungsversuche der R2P-Doktrin wie in Libyen, das Versagen der Staatengemeinschaft in Syrien, das Aufkommen des Islamischen Staates und die daraus resultierenden Antiterrormaßnahmen sowie allgemein die Rückkehr nationalistischer Tendenzen haben den Raum für den multilateralen *Bottom-up*-Ansatz einer auf universellen Menschenrechten basierten menschlichen Sicherheit erodiert. Eine zukünftige Bedeutung des Konzepts im größeren Rahmen, insbesondere im Kontext von Friedenspolitik und Friedensethik, muss daher wohl neu begründet werden.

4   Menschliche Sicherheit als Versicherheitlichung?

Der Vorwurf der Versicherheitlichung zielt darauf ab, dass bei einem weiten Sicherheitsbegriff die Behandlung von Problemen und Situationen aus dem Bereich der „normalen" politischen Auseinandersetzung herausgelöst – versicherheitlicht (*securitized*) – werde, womit die Anwendung außergewöhnlicher Maßnahmen zur Aufrechterhaltung beziehungsweise Wiederherstellung von Sicherheit durch den Staat möglich wird, selbst wenn dies im Einzelfall weder zwingend noch wünschenswert ist. Dies sei konzeptuell irreführend, würde Staaten zu falschen Prioritätensetzung motivieren, gefährliche Unwägbarkeiten in die Außenpolitik von Staaten bringen und letztlich durch die Außerkraftsetzung „normaler" Regeln in behaupteten Ausnahmesituationen zu einer Verschlechterung statt Verbesserung menschlicher Sicherheit führen (vgl. Khong 2001, S. 231ff.; Buzan 2004, S. 369f.).

Im Speziellen wird der Vorwurf der Versicherheitlichung aus der Kopenhagener Schule internationaler Beziehungen heraus erhoben. Der sicherheitsanalytische Zugang der Kopenhagener Schule postuliert im Wesentlichen eine Dreigliedrigkeit jedes Sicherheitsdiskurses, beginnend mit der Identifizierung existenzieller Bedrohungen („identification of existential threats"), gefolgt von einer entsprechenden dringenden Reaktion („emergency action") und abgeschlossen durch den Effekt der Durchbrechung etablierter Regeln („effects on inter-unit relations by breaking free of rules") (Buzan et al. 1998, S. 24). Aus einer derartigen Analyse ist viel zu gewinnen für die Betrachtung von Sicherheit als Konstrukt und Prozess, innerhalb derer Sicherheit nicht objektiv und abstrakt, sondern kontextgebunden und intersubjektiv gesetzt und von Akteuren in diskursiven Formaten erzeugt wird. Nur das, was erfolgreich als Sicherheitsbedrohung präsentiert und wahrgenommen wird, führt zu entsprechenden politischen Konsequenzen (vgl. Buzan 1991). Sicherheit ist damit ein grundsätzlich umstrittenes Konzept und kann aufgrund dieser Ambiguität von verschiedenen Akteuren auch manipuliert werden (*Wæver* 1995). Menschliche Sicherheit kann sich, so der Vorwurf, dem nicht entziehen. Auch menschliche Sicherheit ist letztlich nichts anderes als die Konstruktion (staatlicher) Deutungshoheit und damit Souveränität über außergewöhnliche Situationen, welche außergewöhnliche Maßnahmen verlangen (vgl. De Larrinaga and Doucet 2008). Anstatt jenen Zustand herzustellen, an dem den Proponenten menschlicher Sicherheit gelegen sein sollte (nämlich dem sorgenfreien Genuss grundlegender Rechte und angemessener Lebensbedingungen), führe der Sicherheitsdiskurs zu einer Gefährdung ebendieser Ziele.

Der Vorwurf, menschliche Sicherheit würde zwangsläufig zu einer solch negativ konnotierten Versicherheitlichung führen, läuft allerdings aus mehreren Gründen ins Leere: Das politische Konzept der menschlichen Sicherheit ist auf einer anderen logischen Ebene des Sicherheitsdiskurses angesiedelt als das analytische Instrument der Sicherheitstheorie der Kopenhagener Schule (oder anderer einschlägiger Theorien). Menschliche Sicherheit ist von seinem Herkommen und seiner Ausgestaltung her kein geschlossenes analytisches Konzept, sondern ein aus dem politischen Prozess kommender Versuch, Bedrohungen jenseits statischer Sicherheitskonzepte zu erfassen und darauf zu reagieren. Gerade diese analytische Unschärfe wurde dem Konzept ja auch immer wieder vorgehalten (vgl. Paris 2001). Proponenten menschlicher Sicherheit sind daher weniger mit sicherheitstheoretischer Analyse als vielmehr mit dem befasst, was Vertreter und Vertreterinnen der Kopenhagener Schule als erste Stufe von Versicherheitlichung sehen, nämlich mit „security moves": Menschliche Sicherheit positioniert aktiv das Individuum in das Zentrum von Sicherheit. Aufgrund dieser verschiedenen Logiken entsteht auch keine Konkurrenz zwischen menschlicher Sicherheit und anderen sicherheitstheoretischen Schulen (vgl. Floyd 2007, S. 38ff.).

Menschliche Sicherheit beschäftigt sich durchaus mit der Frage, welche Bedrohungen hinreichend bedeutsam sind, um als Sicherheitsthemen zu gelten (von Naturkatastrophen über bewaffnete Konflikte bis hin zu Menschenrechtsverletzungen), mit welchen Notfallmaßnahmen darauf zu reagieren sei (durch humanitäre Hilfe, militärische Intervention oder den Wiederaufbau staatlicher Infrastruktur) und wer diese Leistungen am besten vollbringen kann (Staaten, internationale NGOs oder lokale Akteure). Das Konzept stellt damit Fragen der Identifizierung von Bedrohungen und der angemessenen (dringenden) Reaktion (vgl. Watson 2011, S. 6f.). Menschliche Sicherheit befasst sich in dieser ersten Phase mit dem Referenzpunkt von Sicherheit und definiert Bedrohungen menschlichen Lebens und menschlicher Würde als zentral. Gerade damit unterscheidet sich menschliche Sicherheit deutlich von Konzepten der nationalen Sicherheitsbedrohung, aber auch solcher wie der US-amerikanischen Doktrin der „homeland security", deren Inhalt darin letztlich gleichfalls nur darin besteht „to secure the nation from the many threats we face" (Department of Homeland Security).

Daraus allerdings zu folgern, dass eine derartige Versicherheitlichung zu grundsätzlich negativen Folgen führt, scheint überschießend. Dies wurde der Kopenhagener Schule auch in verschiedener Form entgegengehalten. So würde die oben skizzierte Dichotomie von normalem und damit positiv besetztem (innerstaatlichem, rechtlichem, demokratischem) Diskurs und negativ konnotiertem Außergewöhnlichen nur in Extremfällen existieren. Bereits in den ersten Ansätzen menschlicher Sicherheit in der entwicklungspolitischen Diskussion war gerade diese Versicherheitlichung als etwas Positives verstanden worden. Zu-

mindest in dem breiten Verständnis menschlicher Sicherheit ist
das gesamthaft sorgenfreie Leben das Ziel und nicht die Isolierung
einzelner Bedrohungslagen zur Ermöglichung regelbrechender
Sondermaßnahmen.

Zudem sind die Übergänge von gewöhnlichem politischem
Handeln zu außergewöhnlichem (das heißt dringendem, bedeut-
samem, bedrohungsabwendendem) Handeln üblicherweise nicht
scharf, sondern graduell (vgl. Watson 2001, S. 7f.). Auch umgekehrt
überzeugt das Argument nicht: Nicht jede *desecuritization* führt
automatisch zurück zu einem „normalen" politischen (demokra-
tischen) Diskurs. Versicherheitlichung ist damit wertneutral und
kann, je nach Standpunkt, positive und negative Konsequenzen
nach sich ziehen (vgl. Floyd 2007, S. 43f.). Deutlich wird das bei der
behaupteten zentralen (negativen) Konsequenz von Versicherheitlichung: dem Austreten aus einem bisher verbindlichen Regelwerk.
Entgegen den von der Kopenhagener Schule behaupteten eintre-
tenden Gefahren sind unterschiedliche Szenarien vorstellbar. Die
Umdeutung eines (gewöhnlichen) politischen Problems zu einer
(außergewöhnlichen) Sicherheitsfrage kann natürlich durchaus
dazu führen, dass (etwa als Reaktion auf terroristische Angriffe)
bürgerliche und politische Menschenrechte eingeschränkt werden.
Genauso kann als Reaktion auf Naturkatastrophen aber auch eine
Erleichterung von Visumsbestimmungen für den Grenzübertritt
betroffener Personen erlassen werden, oder es können Kreditraten
für wirtschaftlich betroffene Länder gestundet werden (vgl. Watson
2011, S. 9). Ob diese nicht-regelkonformen Konsequenzen positiv
oder negativ bewertet werden, ist eine Frage des Standpunktes.
Zudem sind eine Fülle von „außergewöhnlichen" (also über den
normalen politischen Diskurs hinausgehende) Reaktionen auf
Bedrohungen institutionalisiert, wie etwa der gesamte Bereich
der humanitären Hilfe. Dieser kann in Krisensituationen auf
etablierte rechtliche und institutionelle (nationale wie internati-

onale) Strukturen und Akteure (von der WHO bis zu nationalen Rotkreuzorganisationen und vom Flüchtlingsrecht bis zu informeller Katastrophenhilfe) zurückgreifen (vgl. Watson 2011, 8f.).

Zuletzt verkennt die Kritik an einer Versicherheitlichung durch menschliche Sicherheit auch die tiefe Verankerung des Konzepts in den Menschenrechten. Es bleibt fraglich, ob ein Verständnis von Sicherheit, welches menschliche Würde, Lebensqualität und Zukunftschancen von Einzelnen und Gemeinschaften anstelle abstrakter nationaler Sicherheit als Ziele formuliert und fest innerhalb des etablierten Rechtsrahmen der internationalen Menschenrechte verortet, zwingend zu einer negativen Versicherheitlichung im Sinne der Kritiker führen muss. Im Gegenteil, die dem Konzept menschlicher Sicherheit innewohnende menschenrechtliche Grundlegung erlaubt ja gerade (im Gegensatz zu anderen sicherheitstheoretischen Ansätzen) eine solche Versicherheitlichung einzelner Fragen nur im Rahmen verantwortungsvoll ausgeübter Souveränität innerhalb rechtsstaatlicher Strukturen und auf der Grundlage internationaler Menschenrechte.

5   Menschliche Sicherheit als Begründung für humanitäre Interventionen?

Einerseits scheint das Konzept menschlicher Sicherheit durch die Betonung von Menschenrechten und Gerechtigkeitserwägungen anstelle staatlicher Interessen friedensethisch einen Mehrwert zu bieten. Andererseits stellen sich durch die Nähe zur Idee der Schutzverantwortung und der humanitären Interventionen Fragen hinsichtlich eines militärischen Eingreifens bei einer Bedrohung menschlicher Sicherheit zum Beispiel bei schweren Menschenrechtsrechtsverletzungen, Völkermord und Verbrechen gegen die Menschlichkeit. Hier knüpft der zweite Vorwurf an, nämlich, dass menschliche Sicherheit als Begründung für solche Interventionen herangezogen werden kann.

Die Idee menschlicher Sicherheit – das ist unbestreitbar – fordert konkrete Antworten auf derartige Bedrohungslagen ein. Einer der Mitbegründer des Konzepts, der damalige Außenminister Kanadas, Lloyd Axworthy, befürwortete eine solche Operationalisierung geradezu als Voraussetzung menschlicher Sicherheit: Staaten hätten auf der Basis internationaler menschenrechtlicher Standards und aufgrund rechtsstaatlicher Anforderungen die Pflicht, Schutzmaßnahmen zu treffen und institutionelle Antworten auf Bedrohungen menschlicher Sicherheit zu geben (vgl. Axworthy 2001, S. 19ff.). Damit ergibt sich eine gewisse Nähe zur *Responsibility to Protect*, jedenfalls bei Völkermord, Kriegsverbrechen, ethnischer Säuberung und Verbrechen gegen die Menschlichkeit.

Schon der Bericht der International Commission on Intervention and State Sovereignty (ICISS) von 2001, mit dem die Idee der Schutzverantwortung (mit)begründet wurde, stützt sich an vielen Stellen auf die menschliche Sicherheit. Allerdings kommt die ICISS-Kommission zu dem Schluss, dass die Schutzverantwortung zwar auf der Idee menschlicher Sicherheit basiere, dies aber weder zwingend eine Intervention begründen müsse noch die Frage löse, ob eine solche Intervention legitim und legal sei (vgl. ICISS 2001, S. 11). Mehr noch: Menschliche Sicherheit und R2P haben zwar denselben Ausgangspunkt, nämlich die Idee der konditionierten staatlichen Souveränität. In beiden Konzepten ist Souveränität weniger ein Rechtsanspruch als vielmehr eine Verantwortung des Staates, den Einzelnen und Gruppen vor Verletzungen menschlicher Sicherheit zu schützen: in der R2P bezogen auf die genannten schwersten Verletzungen, bei menschlicher Sicherheit auf einen breiteren und jeweils zu definierenden Kreis von Bedrohungen. Die beiden Konzepte unterscheiden sich aber in der geforderten

Reaktion: Trotz ihrer Verantwortungsrhetorik ist die Schutzverantwortung letztlich um die Beantwortung der tradierten, auf die Rolle des Staates bezogenen *bellum justum*-Frage bemüht: Wann ist Intervention von außen rechtens, das heißt wann kommt den Staaten (oder der Staatengemeinschaft) das Recht beziehungsweise die Pflicht auf Intervention zu? Menschliche Sicherheit denkt dieses Problem aber von den Bedürfnissen der betroffenen Einzelnen oder Gruppen her. R2P beantwortet die Frage nach dem Recht dessen, der interveniert; menschliche Sicherheit fragt nach dem Recht derer, die des Schutzes bedürfen. Christine Chinkin und Mary Kaldor (2017, S. 517ff.) haben in ihrem Vorschlag einer Weiterentwicklung menschlicher Sicherheit in diesem Zusammenhang darauf hingewiesen, dass eine solche Neukonzeption jede Art von Intervention stärker in soziale Kontexte einzubetten habe, dem Prinzip der Geschlechtergerechtigkeit breiteren Raum geben müsse und lokale Bedürfnisse stärker wahrnehmen solle. Damit würden Interventionen weniger von außen (und damit von geopolitischen und strategischen Überlegungen her), sondern unter Berücksichtigung und Einbindung der Betroffenen erfolgen.

In gewisser Weise versucht menschliche Sicherheit daher, den Widerspruch zwischen der Zielsetzung und der Praxis humanitärer Intervention und R2P aufzulösen, der darin besteht, dass das Ziel (Schutz vor Völkermord, Kriegsverbrechen und Verbrechen gegen die Menschlichkeit) mit (letztlich) militärischen Mitteln erreicht werden soll. Wenn die dabei vorgenommenen Maßnahmen in Form und Ausmaß traditionelle kriegerische Handlungen sind, ist dies wenig geeignet, nachhaltig jene menschliche Sicherheit herzustellen, die solche Maßnahmen zu schaffen vorgeben (vgl. Chinkin und Kaldor 2017, S. 29f.). Zwar enthielt die ursprüngliche Konzeption der R2P auch einen starken Präventionsgedanken, in der Anwendung der R2P wurde dieser Ansatz aber sowohl in der politischen Wirklichkeit als auch in der akademischen Debatte vernachlässigt (vgl. Rosenberg 2009, S. 443ff.). Dagegen wird menschliche Sicherheit stärker als ein post-interventionistisches Konzept wahrgenommen, unter welchem Prävention und die Sicherstellung von Resilienz grundsätzlich vor reaktive Interventionen gestellt werden (vgl. Chandler 2012, S. 213).

Zudem ist festzuhalten, dass sich aus dem Konzept möglicherweise höhere Schranken für militärische Maßnahmen zum Schutz menschlicher Sicherheit ergeben, so diese denn trotzdem getroffen werden. *Human security missions* sollten daher höheren Standards unterworfen sein als herkömmliche Operationen. Damit öffnet sich eine Argumentationslinie, welche die eingesetzten Mittel stärker an den Zielen einer Mission orientiert und den Schutz von Zivilpersonen und die Vermeidung von Kollateralschäden in Kampfhandlungen über das hinaus fordert, was das humanitäre Völkerrecht für eine rechtskonforme Kampfführung vorschreibt. Menschliche Sicherheit steht damit in Zusammenhang mit der Weiterentwicklung völkerrechtlicher Regeln hin zu einem internationalen „Polizeirecht" für *human security missions*, welche strengeren Maßstäben hinsichtlich Verhältnismäßigkeit, Rechtsstaatlichkeit und Güterabwägung unterliegen sollten (vgl. Kaldor 2007, S. 180, 196).

Eine solche Sichtweise wird nunmehr auch als menschliche Sicherheit der zweiten Generation (*second generation human security*) bezeichnet (vgl. Martin und Owen 2010; Chinkin und Kaldor 2017, S. 479ff.). Dabei steht nicht die Frage im Vordergrund, ob menschliche Sicherheit zur Begründung humanitärer Interventionen herangezogen werden kann. Vielmehr wird menschliche Sicherheit als Ausgangspunkt verstanden, um die Legitimität konkreter Maßnahmen zur Herstellung von Sicherheit zu gewährleisten (vgl. Chinkin and Kaldor 2017, S. 33). Zentral sind dabei ein aus dem jeweiligen Kontext begründetes Vorgehen, welches lokale Akteure und Gemeinschaften einbezieht, anstatt ihnen geopolitische Strategien überzustülpen, sowie die konsequente Bereitstellung eines rechtsbasierten (menschenrechtlichen) Rahmens, der insbesondere auch den Betroffenen gegenüber zur Anwendung gelangt (vgl. Chinkin and Kaldor 2017, S. 517ff.). Rezente Interventionsbeispiele lassen diese Überlegungen mit dem Ziel, eindimensionale Sicherheitsdoktrinen durch die Einbeziehung der Betroffenen, das Zusammenfließen politischer, wirtschaftlicher und sozialer Ansätze, das Wahrnehmen von Gerechtigkeitserwägungen oder die Berücksichtigung von Gender-Aspekten zu ersetzen, vermissen.

6   Schlussfolgerungen

Die Idee menschlicher Sicherheit hat im letzten Jahrzehnt als Leitmotiv viel an Strahlkraft verloren, auch an (politischen) Orten, an denen sich das Konzept zu etablieren begonnen hatte. Zugleich ist in dieser Phase offensichtlich geworden, dass das Festhalten an traditionellen staatenzentrierten Sicherheitskonzepten (wozu letztlich auch Ideen wie die R2P und andere Begründungsansätze „humanitärer" Interventionen sowie wohl auch der gesamte Komplex der „liberalen" Friedensschaffung durch UN-mandatierte Friedensmissionen gehören) in seinen Ergebnissen wenig überzeugt. Eine Wiederbelebung und Operationalisierung des Konzepts menschlicher Sicherheit – und damit zugleich eine „Vertiefung" der menschlichen Sicherheit, wie etwa Martin und Owen (2010) dies anregen – scheint notwendig, um eine kontextgebundene, die Betroffenen miteinbeziehende Herstellung individueller Sicherheit auf Basis des Völkerrechts und der Menschenrechte als vorrangiges Ziel zu definieren. Im Vergleich zu anderen Konzepten scheint sie ein höheres Maß an Legitimität in der Produktion von Sicherheit zu erlauben. Bedeutsam ist dabei insbesondere, dass menschliche

Sicherheit erlaubt, die tradierte, staatenzentrierte und letztlich im Bild des Krieges verankerte Sicherheitslogik hinter sich zu lassen, egal ob diese als *ius contra bellum* der Satzung der Vereinten Nationen, *bellum iustum* humanitärer militärischer Interventionen oder *ius post bellum* der liberalen Friedensschaffung konstruiert wird. Gerade mit diesem Ansatz fügt sich menschliche Sicherheit in friedensethische Überlegungen ein und stellt letztlich eine Dimension der Idee des gerechten Friedens dar.

Literatur

Anderson-Rogers, David und Kerry Crawford. 2018. *Human Security. Theory and Practice*. Lanham: Rowman & Littlefield.

Axworthy, Lyoyd. 2001. Human Security and Global Governance: Putting People First. *Global Governance* 7 (1): 19–23.

Benedek, Wolfgang. 2010. Mainstreaming Human Security in United Nations and European Union Peace and Crisis Management Operations – Policies and Practice. In *Mainstreaming Human Security in Peace Operations and Crisis Management – Policies, Problems, Potentials*, hrsg. von Wolfgang Benedek, Matthias Kettemann und Markus Möstl, 13–31. London: Routledge.

Buzan, Barry. 1991. *People, States and Fear*. Boulder, CO: Lynne Rienner.

Buzan, Barry. 2004. A Reductionist, Idealistic Notion that Adds Little Analytical Value. *Security Dialogue* 35 (3): 269–370.

Buzan, Barry, Jaap de Wilde und Ole Wæver. 1998. *Security: A New Framework for Analysis*. Boudler, CO: Lynne Rienner.

Chandler, David. 2012. Resilience and Human Security: The Post-Interventionist Paradigm. *Security Dialogue* 43 (3): 213–229.

Chinkin, Christine and Mary Kaldor. 2017. *International Law and New Wars*. Cambridge: Cambridge University Press.

Commission on Human Security. 2003. *Human Security Now*. New York: Commission on Human Security.

De Larrinaga, Miguel and Marc Doucet. 2008. Human Security and the Securing of Human Life: Tracing Global Sovereign and Biopolitical Rule. *Security Dialogue* 39 (5): 517–537.

Department of Homeland Security. About DHS. https://www.dhs.gov/about-dhs. Zugegriffen: 6. Dezember 2018.

Floyd, Rita. 2007. Human Security and the Copenhagen School's Securitization Approach: Conceptualizing Human Security as a Securitizing Move. *Human Security Journal* 5: 38–49.

International Commission on Intervention and State Sovereignty (ICISS). 2001. *The Responsibility to Protect. Report of the International Commission on Intervention and State Sovereignty.* Ottawa: International Development Research Centre.

Kaldor, Mary. 2007. *Human Security.* Cambridge: Cambridge University Press.

Khong, Yuen Foong. 2001. Human Security: A Shotgun Approach to Alleviating Human Misery? *Global Governance* 7 (3): 231–236.

Martin, Mary and Taylor Owen. 2010. The Second Generation of Human Security: Lessons from the UN and EU Experience. *International Affairs* 86 (1): 211–224.

Newman, Edward. 2014. The United Nations and Human Security: Between Solidarism and Pluralism. In *Routledge Handbook on Human Security*, hrsg. von Mary Martin und Taylor Owen, 225–238. London: Routledge.

Oberleitner, Gerd. 2014. Human Security: Idea, Policy and Law. In *Routledge Handbook of Human Security*, hrsg. von Mary Martin und Taylor Owen, 319–330. London: Routledge.

Ogata, Sadako und Johan Cels. 2003. Human Security – Protecting and Empowering the People. *Global Governance* 9 (3): 273–282.

Paris, Roland. 2001. Human Security: Paradigm Shift or Hot Air? *International Security* 26 (2): 87–102.

Ramcharan, Bertrand. 2004. Human Rights and Human Security. *Disarmament Forum* (1): 39–47.

Rosenberg, Sheri P. 2009 Responsibility to Protect: A Framework for Prevention. *Global Responsibility to Protect* 1 (4): 442–477.

Tadjbakhsh, Shahrbanou. 2014. Defense of the Broad View of Human Security. In *Routledge Handbook on Human Security*, hrsg. von Mary Martin und Taylor Owen, 43–57. London: Routledge.

United Nations Development Programme (UNDP). 1994. Human Development Report 1994 – New Dimensions of Human Security. http://hdr.undp.org/en/reports/global/1994/en. Zugegriffen: 6. Dezember 2018.

United Nations Human Security Unit. 2014. *Strategic Plan 2014–2017*. New York: United Nations.

Wæver, Ole. 1995. Securitization and Desecuritization. In *On Security*, hrsg. von Ronnie Lipschutz, 46–79. New York: Columbia University Press.

Watson, Scott. 2011. The „Human" as Referent Object? Humanitarianism as Securitization. *Security Dialogue* 41 (1): 3–20.

„Wann werden die Vereinten Nationen Truppen nach Kalifornien senden?"[1]
Human Security aus nicht-westlichen Perspektiven

Thorsten Bonacker

1   Einleitung

Mitte der 1990er Jahre formulierte das *United Nations Develop-ment Programme* (UNDP) mit dem *Human Security*-Konzept einen neuen Ansatz der internationalen Sicherheitspolitik, der schnell Furore machte und das traditionelle Sicherheitsverständnis herausforderte. Dieses traditionelle Verständnis basierte auf der Annahme, dass Sicherheit in der internationalen Politik in erster Linie durch staatliche Souveränität und Integrität hergestellt werde. Im Mittelpunkt stand demzufolge die militärische Abwehr äußerer Gefahren. Nach Ende des Ost-West-Konflikts wurde international zunehmend anerkannt, dass der Staat keineswegs nur Garant von Sicherheit ist, sondern in vielen Fällen weder in der Lage noch Willens, für Sicherheit zu sorgen. Angesichts eskalierender innerstaatlicher Gewaltkonflikte und genozidaler Massengewalt galt er nicht mehr nur als Sicherheits-, sondern in hohem Maße

---

1   Im Original: „But when will the UN send troops to California?" (de Wilde 2008, S. 237).

© Springer Fachmedien Wiesbaden GmbH, ein Teil von Springer Nature 2019
I.-J. Werkner und B. Oberdorfer (Hrsg.), *Menschliche Sicherheit und gerechter Frieden*, Gerechter Frieden, https://doi.org/10.1007/978-3-658-25615-9_4

auch als Unsicherheitsproduzent. Diese Erkenntnis war freilich keineswegs neu, aber sie bekam angesichts des offenkundigen Formwandels und Anstiegs kollektiver Gewalt ab den 1990er Jahren eine enorme politische Bedeutung in der internationalen sicherheitspolitischen Diskussion.

Mit dem *Human Security*-Ansatz wird das staatszentrierte Verständnis von Sicherheit um ein individuumszentriertes ergänzt. Im Kern geht es Vertreterinnen und Vertretern des Ansatzes darum, den Schutz individueller Bedürfnisse und Freiheiten in den Mittelpunkt zu rücken sowie die Verletzung von Menschenrechten und die Gefährdung von Existenzgrundlagen als wichtige Aspekte internationaler Sicherheitspolitik zu betrachten. Beides, kollektive Gewalt und chronische Armut, gerieten damit auf den Radar sicherheitspolitischer Erwägungen. Dabei ging es von Beginn an auch darum, in zweierlei Hinsicht neue Prioritäten in der internationalen Politik zu setzen: Zum ersten sollte die Souveränitätsnorm nicht mehr vor militärischen Eingriffen im Falle schwerer Menschenrechtsverletzungen schützen. Zum zweiten sollte Entwicklungspolitik nicht mehr nur als humanitär geboten, sondern als Beitrag zu einer umfassenden internationalen Sicherheitspolitik erscheinen.

Ein zentrales Ziel des *Human Security*-Konzepts bestand folglich darin, den Gegenstands- und Geltungsbereich internationalen Regierens auszudehnen und staatliche Souveränität nicht länger als unbedingte normative Barrieren für internationale – militärische wie zivile – Interventionen anzuerkennen. Gemeinsam mit Konzepten wie dem der fragilen Staatlichkeit und der humanitären Intervention geht es also beim *Human Security*-Konzept im Kern um die Legitimation internationaler Interventionen – hier verstanden als direkte oder indirekte Ausübung von Herrschaft durch externe Akteure.

Der folgende Beitrag beschäftigt sich mit der Frage, wie nicht-westliche Beiträge zum *Human Security*-Ansatz aussehen und welche Schlussfolgerungen daraus für die Diskussion um einen gerechten Frieden gezogen werden können. Letzteres ist vor allem insofern von Interesse, als Konzeptionen des gerechten Friedens vorgeworfen wurde, von eurozentrischen und insbesondere liberalen Verständnissen von Gerechtigkeit und Frieden auszugehen und nicht-westliche Perspektiven zu vernachlässigen. Dass sich nicht-westliche Stimmen – von staatlichen bis zu individuellen Akteuren – von Beginn an in der Diskussion zu Wort meldeten, kann nicht überraschen, verlagert das *Human Security*-Konzept internationale Sicherheit auch geografisch in den Globalen Süden. Dabei ist allerdings zu berücksichtigen, dass nicht-westliche Staaten keineswegs nur das Ziel internationaler Interventionen werden, sondern zugleich auch deren Akteure sind – etwa im Zuge der Bereitstellung von Personal für militärische und zivile UN-Friedensmissionen (Agensky und Barker 2012).

Zunächst soll die Frage geklärt werden, wie westlich der *Human Security*-Ansatz überhaupt ist. Im Anschluss daran werden zwei kritische nicht-westliche Antworten auf das *Human Security*-Konzept gegenübergestellt, die gewissermaßen spiegelbildlich zueinander stehen: In einer ersten werfen vor allem Staaten mit regionalen Dominanzansprüchen dem Konzept ein überdehntes Gerechtigkeitsverständnis vor und machen gegen die Ansprüche internationalen Regierens im Namen des Schutzes menschlicher Sicherheit das Prinzip der Nichteinmischung geltend. Wesentlich fundamentaler – und nicht selten in kritischer Absetzung von solchen staatszentrierten Antworten – halten in einer zweiten Vertreterinnen und Vertreter postkolonialer kritischer Ansätze dem *Human Security*-Ansatz ein verkürztes Gerechtigkeitsverständnis vor, weil es Fragen globaler Ungleichheit und globaler Machtasymmetrien zugunsten partikularer und selektiver Interventionen ausblende. *Human Security* kanischen Stellungnahme zur Gründungskonferenz der Vereinten Nationen 1945 in San Francisco. Dort heißt es:

> "The battle of peace has to be fought on two fronts. The first is the security front where victory spells freedom from fear. The second is the economic and social front where victory means freedom from want. Only victory on both fronts can assure the world of an enduring peace. No provisions that can be written into the Charter will enable the Security Council to make the world secure from war if men and women have no security in their homes and their jobs" (zit. nach Dowdeswell 1996, S. 25).

Die erste, enge Definition menschlicher Sicherheit als „freedom from fear" wurde vor allem von der kanadischen Regierung propagiert und bezieht sich dabei insbesondere auf die Bedrohung durch bewaffnete Konflikte, deren Zahl nach Ende des Ost-West-Konflikts zunächst dramatisch zunahm. Die zweite, weite Definition hat nicht zuletzt die japanische Regierung in ihrem Bemühen unterstützt, wohlfahrtsstaatliche Aspekte in die Diskussion einzubringen und damit ein enges liberales Verständnis zu korrigieren. Armut, Krankheit und Unterentwicklung werden in dieser Lesart von menschlicher Sicherheit als „freedom from want" nicht nur als zentrale Bedrohungen menschlicher Sicherheit verstanden, sondern sie gelten einem weiten Verständnis des *Human Security*-Konzepts zufolge häufig auch als ursächlich für den Ausbruch von Gewaltkonflikten. Es waren – neben der japanischen Regierung – allerdings vor allem zwei befreundete nicht-westliche Ökonomen, die diesem breiten Verständnis menschlicher Sicherheit den Weg bereitet haben: der indische Entwicklungsökonom Amartya Sen und der pakistanische Weltbank-Direktor und UNDP-Berater Mahbub ul Haq. Beide haben sich um einen Entwicklungsbegriff verdient gemacht, der, wie das Konzept der menschlichen Sicherheit, das Individuum und dessen Kapazitäten zum Ausgangspunkt nimmt (vgl. Sen 1999). Haq war als Sonderberater des UNDP maßgeblich am *Human Development Report* von 1994 beteiligt, der – trotz zahlreicher Vorläufer – als zentraler Text für die Grundlegung des Konzepts menschlicher Sicherheit gilt (vgl. Fukuda-Parr und Messineo 2012; Gasper 2011). Auch außerhalb internationaler Organisationen haben nicht-westliche Politikerinnen und Politiker sowie Intellektuelle auf die Bedrohungen hingewiesen, die Armut mit sich bringen. So hat beispielsweise Nelson Mandela ebenfalls 1994 Unterentwicklung, aber auch den Einfluss internationaler politischer und ökonomischer Kräfte im Globalen Süden als existenzielle Bedrohungen afrikanischer Sicherheit beschrieben (vgl. Hussien 2011, S. 217).

Dass sich nicht-westliche Staaten in durchaus signifikantem Maße diesem weiten Verständnis menschlicher Sicherheit angeschlossen haben, führt eine Reihe von Autorinnen und Autoren darauf zurück, dass dieses häufig besser ihrem kulturellen und politischen Selbstverständnis entspricht. Dies zeigte sich bereits in der Diskussion um die zweite, vor allem aber um die dritte Generation der Menschenrechte, die nicht zuletzt von Ländern des Globalen Südens gegen ein ausschließlich liberales Menschenrechtsverständnis eingefordert wurden. Ein gegenüber der liberalen, engen Version um sozio-ökonomische Aspekte erweitertes Verständnis menschlicher Sicherheit spiegelt auch eine stärker kollektivistische Orientierung zumindest mancher nicht-westlicher Gesellschaften wider. Sung Won Kim (2010) spricht in diesem Zusammenhang etwa von „human security with an asian face". Nicht zuletzt aufgrund ihrer Erfahrungen im Ost-West-Konflikt positionierten sich asiatische Staaten häufig kritisch zu einem westlich-universalistischen Normverständnis. Dies geht in außenpolitischer Hinsicht allerdings weniger auf tiefgreifende kulturelle Unterschiede zwischen dem Westen und Asien als vielmehr auf die Prinzipien der Bandung-Konferenz von 1955 zurück, in der die teilnehmenden neuen unabhängigen Staaten die Anerkennung politischer, ökonomischer und kultureller Differenz als Ausgangspunkt friedlicher Koexistenz propagierten. Gerichtet war dies gegen Ansprüche der Kolonialmächte und Vereinnahmungsversuche der beiden internationalen Machtblöcke.

Zudem machte Amitav Acharya darauf aufmerksam, dass das breite Verständnis menschlicher Sicherheit in (Ost und Südost-) Asien nicht zuletzt deshalb auf relativ große Akzeptanz stieß, weil es große Schnittmengen mit dem von Japan entwickelten Verständnis umfassender Sicherheit (*comprehensive security*) aufweist, das sich in der Region – auch trotz Japans schwieriger außenpolitischer Rolle – vor allem während des Ost-West-Konflikts verbreitet hat: „In an important sense, the existence of a prior notion of comprehensive security facilitates the acceptance of the emerging idea of human security in Asia" (Acharya 2001, S. 451). Das Konzept reflektiert besonders Japans Vulnerabilität im Bereich der ökonomischen, der Energie- und Nahrungsmittelsicherheit. Zudem haben sowohl Naturkatastrophen wie der Tsunami 2004 als auch die Wirtschaftskrise Ende der 1990er Jahre dazu geführt, dass sich in der Region ein breiteres Sicherheitsverständnis durchsetzen konnte (vgl. Daud et al. 2015).

Dass nicht-westliche Akteure eine zentrale Rolle bei der Formulierung der Idee von *Human Security* gespielt haben, zeigt sich auch auf der Seite der Vertreterinnen und Vertreter eines engen Verständnisses. Francis Deng, ein sudanesischer Diplomat und von 1994 bis 2004 UN-Sonderbeauftragter für Binnenvertriebene, hatte entscheidenden Anteil an der Idee einer Souveränität als Verantwortung, also an der Vorstellung, dass der Staat seine Souveränität verlieren kann, wenn er bestimmte Anforderungen, wie die Gewährleistung der Sicherheit seiner Bürgerinnen und Bürger nicht erfüllt:

"The responsible sovereignty idea was a clear precursor to the R2P norm that acquired global prominence following the 2001 release of the report of the International Commission on Intervention and State Sovereignty (ICISS) sponsored by the government of Canada. While R2P is often cast in media and policy circles as a Western idea that is often rejected or viewed with hostility by much of the Global South, in reality it reflected the advocacy of limited sovereignty and humanitarian intervention by several prominent African leaders and diplomats aside from Deng in response to African problems" (Acharya 2016, S. 1165).

Acharya nennt in diesem Zusammenhang Nigerias Präsidenten Olusegun Obasanjo ebenso wie Nelson Mandela und den algerischen Diplomaten und Generalsekretär der Afrikanischen Union Mohamed Sahnoun, für die die Souveränitätsnorm angesichts von Tyrannei und schweren Menschenrechtsverletzungen keine unbedingte Geltung beanspruchen kann. Auf beiden Seiten des Konzepts menschlicher Sicherheit, der engen wie der weiten, haben demnach nicht-westliche Akteure eine zentrale Rolle gespielt. Dies korrigiert das Bild eines vornehmlich von westlichen Politikern und Regierungen entwickelten Ansatzes. Zugleich stellt es ein Beispiel dafür dar, wie nicht-westliche Ideen und Ideengeber die globale Ordnung beeinflussen.

3   Die Kritik nicht-westlicher Staaten am *Human Security*-Konzept

Auch wenn der Gerechtigkeitsbegriff in der Diskussion um menschlicher Sicherheit keine große Rolle spielt, so entzündet sich die Kritik, die aus nicht-westlicher Perspektive am *Human Security*-Konzept geübt wird, nicht zuletzt daran, welche Gerechtigkeits- und Durchsetzungsansprüche mit ihm implizit verbunden sind. Für die Frage, ob *Human Security* ein zentrales Element für eine

Konzeption des gerechten Friedens sein kann, erscheint dies nicht belanglos. Die erste Kritik konzentriert sich dabei auf das zentrale Referenzobjekt von Sicherheit und wendet ein, dass das Konzept menschlicher Sicherheit mit einem überdehnten Geltungsverständnis von Gerechtigkeit operiert. Gerechtigkeit herzustellen sei, so lässt sich diese Position zusammenfassen, eben keine Aufgabe internationaler Akteure, sondern eine im Kern staatliche. Dies gilt insbesondere für ein weites Verständnis menschlicher Sicherheit als Freiheit von Not, das Gerechtigkeits- und Wohlfahrtsaspekte explizit einschließt. Aber auch einem demgegenüber schmaleren Verständnis von menschlicher Sicherheit als Freiheit von Angst wird vorgehalten, es überschreite den Kompetenzbereich internationalen Regierens.

Zwei Motivlagen sind für diese Kritik entscheidend: zum einen die Sorge insbesondere postkolonialer Staaten, selbst zum Gegenstand ungewollter internationaler Interventionen und internationaler Regierungsansprüche zu werden. Zum anderen spiegelt diese Rückbesinnung auf den Staat als zentrales Referenzobjekt von Sicherheitspolitik auch das Selbstverständnis und Selbstbewusstsein derjenigen Staaten wider, die zumindest regionale Hegemonialansprüche formulieren.

Beispiele für die erste Motivlage im asiatischen Kontext sind fraglos China und Indien, die dem Konzept menschlicher Sicherheit ablehnend gegenüberstehen. Für China ist menschliche Sicherheit grundsätzlich eine Frage innerstaatlicher Angelegenheiten, wobei es hier vor allem auch das enge Verständnis menschlicher Sicherheit und die damit zusammenhänge Legitimierung der R2P im Blick hat (vgl. Kim 2010). Allerdings ist die chinesische Positionierung keineswegs nur fundamental ablehnend. Wie andere Staaten im asiatischen Kontext auch, versucht es – ähnlich wie schon in der Menschenrechtsdebatte – eine kulturelle Reinterpretation des Konzepts, um seine internationale Legitimität zu wahren. Dabei beharrt China zunächst auf einer kulturellen Resonanz global verbreiteter Normen und argumentiert: „[T]he specific meaning of HS (Human Security, Anm. d. Verf.) should be defined by each individual country on the basis of its own unique circumstances" (Breslin 2015, S. 255). Indien knüpft nicht zuletzt aufgrund der eigenen kolonialen Erfahrung an die Positionen aus der Bandung-Konferenz an und betont – wie China – das Prinzip der Nichteinmischung, um einer unipolaren liberalen Globalisierung das Prinzip der „multipolar politics" entgegenzusetzen (Lumumba-Kasongo 2015). In verschiedenen UN-Debatten zu menschlicher Sicherheit hat Indien deutlich gemacht, dass es zwar den Inhalten des Konzepts grundsätzlich zustimmt, wie andere aber auch den damit einhergehenden interventionistischen Anspruch ablehnt (vgl. Pillay und Kumar 2016, S. 45).

Staaten wie etwa im asiatischen Kontext Malaysia, aber auch eine ganze Reihe afrikanischer Staaten haben sich nicht zuletzt deshalb kritisch zum *Human Security*-Ansatz positioniert, weil sie lange Erfahrungen mit westlichen, aber auch nachbarschaftlichen Interventionen besitzen. So wurde etwa die Intervention Indonesiens in Timor Leste nicht zuletzt damit gerechtfertigt, dass die dortige Regierung angesichts eines drohenden Bürgerkrieges nicht in der Lage gewesen sei, seine Bürgerinnen und Bürger ausreichend zu schützen. Es überrascht daher nicht, dass *Human Security* weniger von Regierungen in postkolonialen Staaten als vielmehr von (I)NGOs und der Zivilgesellschaft aufgegriffen wird, die damit internationale Aufmerksamkeit auf gesellschaftliche Missstände lenken wollen (vgl. Nishikawa 2010).

Regionalorganisationen wie ASEAN oder die Afrikanische Union (AU) integrieren menschliche Sicherheit hingegen zunehmend in ihre institutionellen Regelwerke. Die AU hat die mit dem *Human Security*-Konzept verbundene Idee der R2P bereits 2000 aufgegriffen. In 2007 hat sie in ihrer *African Charter on*

Democracy, Elections and Governance menschliche Sicherheit als eines ihrer Hauptziele aufgenommen – ein Ergebnis eines langsamen Öffnungsprozesses gegenüber dem Ansatz, der 2004 damit begann, menschliche Sicherheit in zentrale sicherheitspolitische Dokumente der AU aufzunehmen (vgl. Hussien 2011, S. 228f.). Insbesondere mit Blick auf die Etablierung von R2P und *Human Security* lässt sich schlussfolgern, dass afrikanische Staaten im Kontext der AU nicht nur die westlichen Normen akzeptierten, sondern diese ihren Ursprung auch im afrikanischen Kontinent haben (vgl. Dembinski 2017, S. 819).

Gleichwohl steht die Bedeutung des Souveränitätsprinzips in der Sicherheitskultur von ASEAN in einem Spannungsverhältnis zum Souveränität beschränkenden Konzept der *Human Security*, so dass „the ‚ASEAN way' tends at times to be an impediment rather than an enhancer or agency for human security" (Saravanamuttu 2005, S. 60). Für die Afrikanische Union lässt sich eine deutliche Lücke zwischen politischer Rhetorik und einer an der Norm menschlicher Sicherheit orientierter Politik, die etwa staatliche Repression und Gewalt gegen die eigenen Bürgerinnen und Bürger wirksam sanktioniert, konstatieren (vgl. Abass 2010). Und schließlich muss zwischen der grundsätzlichen Akzeptanz der Norm und der Zurückweisung einzelner Interventionen, die durch sie legitimiert werden, unterschieden werden (vgl. Dembinksi 2017).

4   Die postkoloniale Kritik am *Human Security*-Konzept

Mit der Betonung der Souveränitätsnorm und des Prinzips der Nichteinmischung weisen nicht-westliche Staaten Interventions- und Regelungsambitionen von internationalen Organisationen und Staaten des Globalen Nordens zurück. Während diese Kritik

Gerechtigkeitsforderungen des *Human Security*-Ansatzes vor allem mit Blick auf die daraus folgende Konditionalisierung von Souveränität für überzogen hält, geht das Gerechtigkeitsverständnis des *Human Security*-Ansatzes postkolonialen Positionen nicht weit genug, die sich in erster Linie an dessen Eurozentrismus stoßen (vgl. zu einem anspruchsvollen Begriff von Eurozentrismus Sabaratnam 2013).

Im Globalen Süden ist der Staat häufig nicht Garant für Sicherheit, sondern Produzent von Unsicherheit. Dies liegt allerdings auch an der Kontinuität kolonialer Herrschaftsmuster im postkolonialen Staat, die beispielsweise dafür sorgen, dass Sicherheit von Seiten des Staates häufig als Regime-Sicherheit und nicht als öffentliches Gut verstanden wird (vgl. Krishna 2015). Wie Joel Migdal gezeigt hat, tendieren Regierungen in postkolonialen Staaten auch dazu, eigene Sicherheitskräfte zu schaffen, die die Gefahr eines politischen Umsturzes, die nicht selten von offiziellen Sicherheitsorganen ausgeht, zu bannen. Postkoloniale Staatlichkeit steht oftmals vor dem Problem starker und zugleich fragmentierter Gesellschaften, in denen staatliche Akteure nicht über ein ausreichendes Ausmaß an sozialer Kontrolle verfügen und in denen der Staat einzelnen gesellschaftlichen Gruppen unter Umständen selbst als Bedrohung der eigenen Interessen oder Identitäten erscheint. Unter solchen Bedingungen mutiert Sicherheit zu einer „politics of survival":

> "Where complex organization is needed for the survival of the regime, as with the military and capital, state leaders have varied between tight reins cutting into the efficiency of the organizations, and loose reins through accommodating, discriminatory state policies" (Migdal 1988, S. 237).

Solche Herrschaftspraktiken und -taktiken setzen das spätkoloniale Muster einer Ausbalancierung von Autonomie und Unterdrückung indigener Gesellschaften fort. Aus postkolonialer Perspektive verkennt die Verteidigung der Souveränitätsnorm ebenso wie der *Human Security*-Ansatz damit nicht nur die Kontinuität kolonialen Regierens, sondern vor allem auch die durch den Kolonialismus produzierten Unsicherheiten, die in den Gesellschaften des Globalen Südens nach wie vor virulent sind. Das Argument, der postkoloniale Staat sei grundsätzlich in der Verantwortung, gute Regierungsführung umzusetzen, das wahlweise dazu dient, Interventionen im Falle des Versagens zu rechtfertigen, oder sie mit dem Verweis auf die Geltung des Prinzips der Nichteinmischung zurückzuweisen, ignoriert dabei die kolonial produzierte menschliche Unsicherheit:

> "Far from reflecting history, this argument fails to recognize the fact that in many developing global south societies, the conditions for instability had been created by colonialism through arbitrary demarcation of borders, introduction of cheap foreign labour, unequal capitalist development, siphoning of profit, appropriation of land and creation of a docile and subservient elite [...]. The role of transnational capital and appropriation of local resources, exploitation of cheap labour, ethnic tension, corruption and rising inequality further exacerbated instability in the postcolonial era. These are not natural tendencies but human-created social calamities driven by transnational interests in alliance with established local elite interests" (Ratuva 2016, S. 214).

Verteidiger der abstrakten Souveränitätsnorm, die unhistorisch auf den Staat als zentrales Referenzobjekt von Sicherheit verweisen, tragen damit ebenso zur Reproduktion globaler Ungleichheit bei wie diejenigen, die Armut, Gewalt und Unterentwicklung lediglich als Staatsversagen bei der Gewährleistung menschlicher Sicherheit verstehen.

Dem *Human Security*-Konzept liegt aus Sicht seiner postkolonialen Kritikerinnen und Kritiker folglich ein verkürztes Gerechtigkeitsverständnis zugrunde, auch wenn ihm das Verdienst zukommt, die sicherheitspolitische Debatte um Gerechtigkeitsaspekte erweitert zu haben. Dies liegt in erster Linie an seinem liberalen Verständnis von Gerechtigkeit und Sicherheit. Drei Aspekte des Konzepts menschlicher Sicherheit sind dabei zur Zielscheibe postkolonialer Kritik geworden: der interventionsbefürwortende liberale Internationalismus, das Ausblenden der kulturellen Besonderheiten des Liberalismus und die Kontinuität kolonialer Handlungs- und Deutungsmuster.

4.1   Der liberale Internationalismus

In mehrfacher Hinsicht wurzelt der *Human Security*-Ansatz in liberalen Politiktraditionen, die ihn aus der Sicht einer postkolonialen Kritik als eurozentrisch erscheinen lassen. Erstens geht er davon aus, dass Demokratie, Rechtsstaatlichkeit und individuelle Freiheit Grundvoraussetzungen für einen nachhaltigen Frieden darstellen. Diese Vorstellung eines *liberal peace*, die dem Anfang der 1990er Jahr entwickelten *Peacebuilding*-Konzept der Vereinten Nationen als Leitidee diente, ist in den letzten Jahren vermehrt in die Kritik geraten. Ein wichtiges Argument dabei lautet, dass der liberale Frieden die historischen Bedingungen postkolonialer Staatlichkeit und die Verantwortung des Nordens für die menschliche Unsicherheit im Globalen Süden übersieht. Statt sich dieser Verantwortung zu stellen, die sich beispielsweise in unfairen Handelsbeziehungen und der interessengeleiteten Unterstützung autoritärer Regime manifestiert, werden die Ursachen von Armut, Gewalt und Unterentwicklung in den betroffenen Ländern selbst gesucht. Das Gegenmittel stellt ein liberaler Internationalismus dar, der externe Demokratisierung, Marktliberalisierung und die Unterstützung von NGOs, die zum Teil Staatsaufgaben bei der Bereitstellung öffentlicher Güter etwa im Bildungs- und Gesundheitssektor übernehmen, betreibt. Die Folge dieses Ansatzes ist, wie Richmond (2009) gezeigt hat, in gewisser Weise kontraintuitiv, insofern die Methoden des *liberal peacebuilding* die Einlösung der Gerechtigkeitsversprechen, die auch mit dem *Human Security*-Konzept verbunden sind, unterminieren.

Ein zweiter Kritikpunkt betrifft den Ansatz, das Individuum zum Referenzobjekt von Sicherheit zu erklären. Dies mag auf der einen Seite ein wirksames Mittel gegen autoritäre Staatlichkeit sein. Auf der anderen Seite aber entpolitisiert es Sicherheit, indem es Formen kollektiver Selbstorganisation und damit den Raum des Politischen neutralisiert. Fragen der Armutsbekämpfung, der Ziele und Richtungen von Entwicklungspolitik und des friedlichen Zusammenlebens unterschiedlicher gesellschaftlicher Gruppen sind im Kern Fragen, die ein politisches Gemeinwesen entscheiden muss. Im Kontext des *Human Security*-Ansatzes, so die Kritik, werden diese Fragen nicht nur nicht gestellt, sondern sie werden zu sozialtechnischen Fragen des „richtigen" Regierens umdefiniert. Dies spielt der chronischen Schwäche eines autonomen politischen Raumes in postkolonialen Staaten in die Hände und entmündigt letztlich Bürgerinnen und Bürger, die nicht mehr als solche, sondern als Empfängerinnen und Empfänger internationaler Wohlfahrt betrachtet werden. *Human Security* erscheint aus dieser Perspektive nicht als „empowerment", sondern als „therapeutic governance" (Pupavac 2005).

Ein dritter Kritikpunkt, der auf den liberalen Hintergrund des *Human Security*-Ansatzes zielt, knüpft an diese Kritik des Individualismus unmittelbar an. Das Konzept menschlicher Sicherheit ist dieser Kritik zufolge nicht einfach nur westlich geprägt, sondern es folgt einer bestimmten, nämlich liberalen Tradition westlichen Denkens, das Sicherheit an individuellen Bedürfnissen orientiert. Dies geht paradoxerweise mit eher schwachen staatlichen Institutionen einher. Der *Human Security*-Ansatz favorisiert eben gerade nicht korporatistische und in gewisser Weise auch interventionistische

Staatlichkeit im Sinne eines aktiven Wohlfahrtsstaates, sondern einen schlanken Staat, der die Grundbedürfnisse seiner Bürgerinnen und Bürger befriedigen kann, sich ansonsten aber zurückhält und keine größeren Steuerungs- oder Umverteilungsambitionen hat (vgl. Thomas 2001; Richmond 2013). Zwar verhält sich das Konzept gegenüber Staaten des Globalen Südens interventionistisch, zugleich geht es aber Fragen der internationalen und nationalen Marktregulation aus dem Weg (vgl. Hampson 2002, S. 169).

Die Kritik am Eurozentrismus des *Human Security*-Ansatzes muss vor diesem Hintergrund also spezifiziert werden. Genau genommen handelt es sich um eine Kritik an einem liberalen Gerechtigkeitsverständnis, das vom Individuum ausgeht und es in ein Spannungsverhältnis zu einem – schlank gedachten – Staat setzt. Dies schließt andere, ebenfalls im Westen entwickelte Modelle der Beziehung zwischen Staat und Bürger aus, die stärker auf die Bedeutung des Staates für gesellschaftliche Umverteilung und die Herstellung von Chancengleichheit verweisen oder die Gerechtigkeitsfragen als Fragen gemeinschaftlicher Deliberation verstehen. Zugleich erscheint der auf diesem liberalen Verständnis von Gerechtigkeit fußende Interventionismus des *Human Security*-Ansatzes nur als eine weitere Spielart des liberalen Internationalismus:

> "Against this background, critics then seem to hold that the liberal internationalist's notion of human security is simply more of the same: it signals an exclusively (or predominantly) individualistic conception of human value and human flourishing, and must thereby fail to address the kinds of concerns that are now at stake, inasmuch as these are concerns about less tangible matters, such as ideals and self-images, and – not least – community claims that might even, in some cases, be in tension with the individual rights asserted by the liberal" (Begby und Burgess 2009, S. 99).

4.2 Die kulturellen Hintergründe des Liberalismus

Die liberale Grundierung des *Human Security*-Konzepts ist allerdings nur eine Zielscheibe postkolonialer Kritik. Eine zweite betrifft seine besonderen kulturellen Wurzeln. Walter Mignolo (2010, S. 432) zufolge entstammt der westliche Liberalismus einem spezifisch okzidentalen Weltbild, das das Individuum epistemisch privilegiert:

> „Das philosophische Projekt der Epistemologie gewann historisch in dem Maß an politischer Brisanz, in dem es im Christentum zum Gegenstand eines theologischen Systems wurde, das Geschlossenheit beanspruchte, in seiner kolonialen Ausbreitung missionarisch durchgesetzt wurde und eine universale Integration der Wissensbestände behauptete."

Diese Privilegierung drückt sich dadurch aus, dass Wissensproduktion vom besonderen Standpunkt des (in der Regel weißen, männlichen, katholischen) individuellen Subjekts her konzipiert ist, wobei koloniales Wissen genau diese Standpunktgebundenheit zugunsten eines allgemeinen Geltungsanspruchs verschleiert (vgl. Waibel 2014). Der moderne Rationalismus erhebt sich folglich über besondere gemeinschaftliche und kosmologische Beziehungen, die er letztlich als Ausdruck rückständiger Wissensformen diskreditiert. Giorgio Shani (2017, S. 280) hat diese kolonialen Universalitätsansprüche auch im Konzept menschlicher Sicherheit wiedergefunden:

> "Human Security, in reproducing the Enlightenment view of the 'human' as an autonomous, individual actor, retains the epistemic privilege of Christianity within it. The 'human' of Human Security, in other words, may be unintelligible to other (non-Western) cosmological traditions given its implicit Judeo-Christian origins."

Wie schon andere koloniale Heuristiken wertet der *Human Security*-Ansatz damit alternative kosmologische Traditionen ab, beispielsweise die Sicherheit als Ergebnis gemeinschaftlichen Zusammenlebens betrachten und das Individuum nicht von seinem sozialen und kommunitären Kontext isolieren. Die Politik menschlicher Sicherheit kann deshalb gerade in nicht-westlichen Gesellschaft als Entfremdung erfahren werden, weil grundlegende – nicht selten religiös konnotierte – Weltbilder und mit ihnen zusammenhängende soziale Praktiken den konkreten Maßnahmen widersprechen. So gut gemeint das liberale *empowerment* gerade in Bezug auf marginalisierte Gruppen ist, geht es häufig an sozial tradierten Glaubens- und Verhaltensweisen vorbei, indem es die eigene Tradition kulturell überhöht.

Shani hat deshalb vorgeschlagen, aus post-säkularer Perspektive das Konzept der ontologischen Sicherheit zum Ausgangspunkt einer Reformulierung menschlicher Sicherheit zu nehmen. Zwei Grundgedanken sind dabei zentral: Zum einen spielen in Gesellschaften – nicht nur in jenen des Globalen Südens – implizite oder explizite religiöse Überzeugungen eine wichtige Rolle und sind nicht selten auch Anlass für gewaltsame Konflikte. Eine postsäkulare Reformulierung menschlicher Sicherheit greift diese Rolle von Religion auf, ohne bestimmte religiöse Traditionen auf- und andere abzuwerten. Shani folgt hier Jürgen Habermas' Vorschlag, wonach es für ein gedeihliches Zusammenleben wichtig ist, verschiedene Glaubenssysteme zu akzeptieren, diesen aber zugleich abverlangt, ihre Überzeugungen in eine öffentliche und damit säkular geprägte Sphäre zu übersetzen (vgl. Habermas 2005). Zum anderen betont Shani, dass Sicherheit nicht allein eine Frage subjektiven Empfindens oder objektiver Gegebenheiten sei, sondern auch ein Ergebnis intersubjektiver Lebenszusammenhänge. Während der *Human Security*-Ansatz Sicherheit als individuelle Freiheit von Not oder Angst versteht, komme es vielmehr darauf an, die sozialen

Bedingungen in den Blick zu nehmen, die Individuen das Gefühl von Selbstvertrauten und Selbstgewissheit vermitteln. Dafür greift er auf das von Ronald D. Laing formulierte und von Anthony Giddens weiterentwickelte Konzept der ontologischen Sicherheit zurück. Ontologische Sicherheit entsteht vor allem durch soziale Bindungen, die Vertrauen – in sich, in Andere und in die Welt – generieren. Giddens zufolge sind es vor allem Gewohnheiten und Rituale, die zur Aufrechterhaltung ontologischer Sicherheit beitragen:

> "An ontologically secure individual is able to act autonomously because s/he has a stable sense of self and a 'biographical continuity' which allows her or him to act consistently with regard to future relationships and experiences. Ontologically secure individuals are able to exercise agency because of the existence of a 'protective cocoon' which shields them from the many threats to their physical or psychological integrity" (Shani 2017, S. 282).

Kulturelle und religiöse Überzeugungen und Praktiken spielen dabei eine wichtige Rolle, denn sie erlauben Individuen das Eingehen von Bindungen und die Entwicklung eines stabilen Selbst- und Fremdvertrauens. Zugleich dürfen sich partikulare kulturelle und religiöse Überzeugungen nicht gegenüber Alternativen so anmaßend verhalten, dass aus Selbstvertrauen eine Egozentrik generiert wird, die andere Sichtweisen von vornherein abwertet. Shani spricht deshalb von der Notwendigkeit, kosmologische Sicherheiten (im Plural) zu schaffen, um dem Eindruck entgegenzutreten, bestimmte religiöse oder kulturelle Traditionen wären dafür geeigneter als andere.

4.3   Koloniale Kontinuitäten

Ein dritter postkolonialer Kritikpunkt bezieht sich auf die kolonialen Kontinuitäten, die mit der Vorstellung einer Notwendigkeit
externer Intervention zum Schutz hilfebedürftiger Menschen im
Globalen Süden einhergehen. Aus dieser Perspektive ist das Konzept
menschlicher Sicherheit letztlich nichts anderes als die Fortsetzung
einer kolonialen Heuristik, die die Welt in jene unterteilt, die sich
nicht selbst helfen können und existenziellen Gefahren ausgesetzt
sind, und diejenigen, deren Pflicht es ist, in dieser Situation die
Verantwortung zu übernehmen. Die Idee des *white man's burden*
wird also einfach weitergeschrieben, nun unter dem Banner des
Kampfes gegen menschliche Unsicherheit. Dies zeigt sich vor allem
an der Aufrechterhaltung kolonialer Deutungsmuster, etwa der
Unterscheidung zwischen entwickelten und unterentwickelten
Ländern oder zwischen einem zivilisierten Norden und einem
gefährlichen Süden (vgl. Duffield und Waddell 2006). Dies wird
schon daran erkennbar, dass der Globale Süden erkennbar das
Zielobjekt des *Human Security*-Ansatzes ist, während die Gefahren menschlicher Sicherheit im Globalen Norden weitgehend
vernachlässigt werden. Jaap de Wilde (2008, S. 237) hat dies in
einem Gedankenexperiment veranschaulicht:

> "If violence is the issue – that is, the chance of being robbed or
> murdered, for whatever the motive – not just Liberia's anarchy
> needs attention, but also the anarchy in parts of, say, the state of
> California. In 2003, almost 2.000 killings occurred in Liberia,
> which triggered an international response that brought the figure
> back to 25 victims of political violence in 2004. In 2002, California
> witnessed 2.395 homicides, according to the US Department of
> Justice's Bureau of Justice Statistics, but California cannot be found
> in any international statistics on violent deaths. These statistics are
> mainly geared towards political violence (that is, violence inflict-
> ed by or directed against governments and politicians). Though

this makes the comparison with Liberia skewed (I did not find homicide numbers for Liberia), it can still be argued that, from a human security perspective, the homicide rate in California needs to be treated with the same concern and urgency as the killings in Liberia. But when will the UN send troops to California?"

Ein wichtiges Motiv hinter dem *Human Security*-Ansatz ist ein globales Verständnis von Sicherheit, bei dem die Bedrohungen menschlicher Sicherheit im Globalen Süden zugleich als Sicherheitsbedrohungen des Globalen Nordens erscheinen. So wird etwa im Kontext des *war on terror* immer wieder darauf verwiesen, dass Radikalisierung vor allem dort zu erwarten ist, wo Menschen mit sozialer Perspektivlosigkeit konfrontiert sind. Diese Sichtweise lässt das von Stuart Hall (1996) herausgearbeitet koloniale Stereotyp intakt, demzufolge der Süden als unterentwickelt und gefährlich gilt.

Unterscheidungen, die bereits zur Rechtfertigung kolonialen Regierens dienten, bleiben aus dieser Perspektive weitgehend intakt und diskreditieren damit den vermeintlich humanistischen Anspruch des Konzepts menschlicher Sicherheit. Dies gilt vor allem auch jenseits der konzeptionellen Debatten im politischen Alltagsgeschäft westlicher Regierungen und internationaler Organisationen. In diesem Zusammenhang hat Ikechi Mgbeoji (2006, S. 855) argumentiert, dass die in der internationalen Politik im Kontext von menschlicher Sicherheit verwendeten Metapher zu einer Polarisierung „between camps of the savage and the civilised" tendieren. Zugleich ist es nicht zuletzt die Politik der „Zivilisierten" selbst, die ihre Glaubwürdigkeit als Verfechter menschlicher Sicherheit untergräbt:

"Beyond [...] neoliberal pretensions the hypocrisy of imperial powers in matters of collective and human security, in and of itself, undermines human security. For example, the USA continues to support the decadent regime in Saudi Arabia and sustains many tyrants. The USA and other imperial states have been instrumental in spreading weapons of mass destruction. The foreign policies of several powerful states of the global North are often indistinguishable from those of notorious rogue states. The USA is as guilty of international state terrorism (bombing of Sudan) and state-sponsored terrorism (Contras in Nicaragua) as some of the notorious members of the so-called ‚axis of evil'" (Mgbeoji 2006, S. 865).

Den Globalen Süden als gefährlich und in Bezug auf menschliche Sicherheit als bedrohlich wahrzunehmen, bedeutet auch, für einen Teil der Welt den permanenten Ausnahmezustand auszurufen, um die Bedeutung des Konzepts und der mit ihm erhobenen Ansprüche des internationalen Regierens zu unterstreichen. Gerade das weite Verständnis menschlicher Sicherheit erlaubt eine dauerhafte Versicherheitlichung mit Verweis auf ganz unterschiedliche Bedrohungen – neben Armut etwa ökologische Gefährdungen, drohende Pandemien, Wanderungsbewegungen oder um sich greifende Korruption.

Der *Human Security*-Ansatz erscheint vor diesem Hintergrund als ein trojanisches Pferd „for more sinister political intent such as appropriation of resources, political control and cultural hegemony" Ratuva 2016, S. 220). Er dient Ratuva (2016, S. 224f.) zufolge zur fortgesetzten Subalternisierung des Globalen Südens:

"The historical links between the west and global south is a result of colonialism when new states were created to serve colonial interests, colonies were used as sources of raw materials and cheap labour and colonial states were created in the image of the colonizers. Resistance to colonial rule and later neo-colonial influence manifested themselves in many forms. To many global south societies, threat emanates from the hegemonic manipulations of external powers and interests, whether economic, ideological, or political."

Diese Kontinuität kolonialer Denkmuster trägt nicht nur zur Aufrechterhaltung globaler Asymmetrien, sondern auch zum fortgesetzten Unverständnis der Gesellschaften des Globalen Südens bei, die lediglich als Bestandteil einer globalen politischen Agenda des liberalen Internationalismus betrachtet werden. In diesem Sinne kann man zwar von einer Globalisierung des Konzepts menschlicher Sicherheit, nicht aber von seiner Universalisierung sprechen. Aus postkolonialer Perspektive handelt es sich lediglich um eine weitere Rechtfertigung externer Interventionen und Herrschaftsansprüche, die den globalen und historischen Kontext, aber auch die kulturellen Besonderheiten ausklammert. Weil das Konzept menschlicher Sicherheit die – keineswegs nur historische – Verantwortung des Globalen Nordens für menschliche Unsicherheit nicht in den Blick nimmt, operiert es aus dieser Perspektive mit einem verkürzten Gerechtigkeitsverständnis. Die Reduzierung von Gerechtigkeitsfragen im Nord-Süd-Verhältnis auf Fragen der menschlichen Sicherheit lässt die strukturellen Ursachen von Armut, Not und Gewalt außer Acht, um der Frage aus dem Weg zu gehen, inwieweit politische und ökonomische Prioritäten des Globalen Nordens zum nachhaltigen Schutz menschlicher Sicherheit im Globalen Süden verändert werden müssten.

5 Zusammenfassung und Ausblick

Mit dem Konzept menschlicher Sicherheit wurde das traditionell auf Staaten fokussierte Sicherheitsverständnis in der internationalen Politik Mitte der 1990er Jahre herausgefordert. Sicherheit wurde damit nicht mehr nur auf territoriale Integrität bezogen, sondern als Anforderung an Staatlichkeit verstanden, die eigenen Bürgerinnen und Bürger vor physischer Gewalt und Notlagen wirksam zu schützen. Insbesondere das weite Verständnis menschlicher Sicherheit hat dabei Gerechtigkeitsfragen in die Sicherheitspolitik getragen, weil es Staaten mit Erwartungen an – freilich basale – soziale Wohlfahrt konfrontiert hat. Damit einher ging von Beginn an die Legitimation internationalen Regierens, das in der Verantwortung gesehen wurde, im Zweifel selbst für den Schutz vor Gewalt und Not zu sorgen, also zivil oder militärisch zu intervenieren. Insofern ist die Diskussion um *Human Security* von Anfang an auch eine Diskussion um Interventionsansprüche internationaler Organisationen und Staaten des Globalen Nordens gewesen. Dabei sollte allerdings nicht übersehen werden, dass vor allem das weite Verständnis von menschlicher Sicherheit von nicht-westlicher Seite durchaus breite Zustimmung erfahren hat und sogar von nicht-westlichen Diplomatinnen und Diplomaten, Akademikerinnen und Akademikern mit formuliert wurde. Ohne Übertreibung kann Acharya daher feststellen: „[H]uman security can claim a significant Asian pedigree" (Acharya 2001, S. 459). Zugleich geriet das Konzept von nicht-westlicher Seite schnell in die Kritik, die sich zum einen daran entzündete, dass die Geltung der Souveränitätsnorm in dem Konzept an bestimmte Bedingungen geknüpft wird. Insbesondere Staaten mit regionalen Machtambitionen wie China oder Indien sind dem entschieden entgegengetreten. Aber auch die Regionalorganisationen Asiens und Afrikas tun sich sichtbar schwer, Souveränitätsansprüche von Staaten wirksam einzugrenzen. Zum anderen schleppt das Konzept eine Reihe von Problemen mit sich, die es aus postkolonialer Perspektive grundsätzlich problematisch erscheinen lassen, beispielsweise weil es koloniale Denk- und Handlungsmuster fortsetzt und die Partikularität eigener kultureller Traditionen nicht in Rechnung stellt.

In Beantwortung der Frage, ob der *Human Security*-Ansatz ein geeigneter Anknüpfungspunkt für Versuche darstellt, ein Leitbild des gerechten Friedens zu formulieren, ist zunächst einmal zu konstatieren, dass nicht-westliche Stimmen dem Ansatz sowohl ein Zuviel als auch ein Zuwenig an Gerechtigkeit vorgehalten haben. Aus Sicht der Verteidiger des Prinzips der Nichteinmischung sind Gerechtigkeitsfragen, die mit dem *Human Security*-Konzept Einzug in die Sicherheitspolitik halten, grundsätzlich innerstaatliche

Angelegenheiten. Der liberale Internationalismus und Interventionismus setzt aus dieser Sicht den internationalen Frieden aufs Spiel. Aus postkolonialer Perspektive bleibt der Ansatz in zweierlei Hinsicht defizitär: Erstens adressiert er globale Machtasymmetrien nicht, sondern reproduziert sie und trägt zur Aufrechterhaltung struktureller Ungerechtigkeit bei. Er bleibt damit hinter den Ansprüchen zurück, die sich aus dieser Perspektive an das Konzept des gerechten Friedens stellen. In dieser Hinsicht teilt die postkoloniale Kritik Auffassungen eines weiten Friedensbegriffs und verweist auf den normativen Überschuss des Friedens- im Vergleich zum Sicherheitsbegriff (vgl. Birkenbach 2012). Zweitens begnügt er sich mit einer liberalen und damit schlanken Konzeption von Staatlichkeit, die – auch im Inneren postkolonialer Staatlichkeit – Umverteilungsfragen und damit starken Gerechtigkeitsforderungen aus dem Weg geht. Es geht bei *Human Security*, so ließe sich diese Kritik pointieren, eben nicht um Gerechtigkeit, sondern – ganz analog zu kolonialen Herrschaftsformen – um Sicherheit, das heißt auch um die Sicherheit vor einer Politisierung der Ungerechtigkeit in den Gesellschaften des Globalen Südens.

Tarak Barkawi und Mark Laffey haben in ihrer Kritik am Eurozentrismus der *security studies* hervorgehoben, dass es für konventionelle Vorstellungen von Sicherheit offenbar selbstverständlich erscheint, dass nur die Mächtigen bewaffnet sein dürfen, weil sie diejenigen sind, die für Sicherheit sorgen dürfen. Andere, die sich im Namen der Gerechtigkeit bewaffnen, erscheinen aus dieser Sicherheitsperspektive, als Banditen, Störenfriede oder Aufständische, die die öffentliche Ordnung gefährden. Die Anwendung von Gewalt gegen sie dient dann dem Schutz menschlicher Sicherheit und steht zugleich, so Barkawi und Laffey (2006, S. 351), in der Tradition der *mission civilisatrice*:

> "Viewed from the global South, the results of the civilising mission over the last several centuries are at best mixed. Setting aside the

mass die-offs of the initial stages of European expansion, nine-
teenth-century imperialism worked to divide humanity. [...] In
such conditions, and in the world of profound inequalities they
produced, armed and other resistance is only to be expected. For
us, the 'natives' have a right to bear arms for purposes of their
own liberatory projects, even those we profoundly disagree with."

Vor diesem Hintergrund scheint es zumindest zweifelhaft, ob das
Konzept menschlicher Sicherheit einen geeigneten Anknüpfungspunkt für ein Leitbild des gerechten Friedens liefern kann, das
politische Forderungen nach Selbstbestimmung und nach einem
Ende kolonialer Aspirationen nicht ignorieren kann.

Literatur

Abass, Ademola (Hrsg.). 2010. *Protecting Human Security in Africa*.
    Oxford: Oxford University Press.
Acharya, Amitav. 2001. Human Security: East versus West. *International
    Journal* 56 (3): 442–460.
Acharya, Amitav. 2016. „Idea-shift": How Ideas from the Rest are Reshaping
    Global Order. *Third World Quarterly* 37 (7): 1156–1170.
Agensky, Jonathan und Joshua Barker. 2012. Indonesia and the Liberal
    Peace: Recovering Southern Agency in Global Governance. *Global-
    izations* 9 (1): 107–124.
Barkawi, Tarak und Mark Laffey. 2006. The Postcolonial Moment in
    Security Studies. *Review of International Studies* 32 (2): 329–352.
Begby, Endre, J. und Peter Burgess. 2009. Human Security and Liberal
    Peace. *Public Reason* 1 (1): 91–104.
Birckenbach, Hanne-Margret. 2012: Friedenslogik statt Sicherheitslogik.
    Gegenentwürfe aus der Zivilgesellschaft. *Wissenschaft & Frieden* 29
    (2): 42–47.
Breslin, Shaun. 2015. Debating Human Security in China: Towards Dis-
    cursive Power? *Journal of Contemporary Asia* 45 (2): 243–265.

Daud, Sity, Zarina Othman und Rashila Ramli. 2015. *Human Security & Peace in Archipelagic Southeast Asia.* Bangi: Penerbit Universiti Kebangsaan Malaysia.

Dembinski, Matthias. 2017. Procedural Justice and Global Order: Explaining African Reaction to the Application of Global Protection Norms. *European Journal of International Relations* 23 (4): 809–832.

De Wilde, Jaap. 2008. Speaking or Doing Human Security? In *The Viability of Human Security*, hrsg. von Monica den Boer und Jaap de Wilde, 225–254. Amsterdam: Amsterdam University Press.

Dowdeswell, Elizabeth. 1996. Sustainable Development, Security and the United Nations. *Irish Studies in International Affairs* 7 (1): 25–30.

Duffield, Mark und Nicholas Waddell. 2006. Securing Humans in Dangerous World. *International Politics* 23 (1): 1–23.

Fukuda-Parr, Sakiko und Carol Messineo. 2012. Human Security. In *Elgar Handbook of Civil War and Fragile State*, hrsg. von Graham K. Brown und Arnim Langer, 21–38. Cheltenham: Edward Elger Publisher.

Gasper, Des. 2011. Pioneering the Human Development Revolution: Analysing the Trajectory of Mahbub ul Haq. *Journal of Human Development and Capabilities* 12 (3): 433–456.

Habermas, Jürgen. 2005. *Zwischen Naturalismus und Religion.* Frankfurt a. M.: Suhrkamp.

Hall, Stuart.1996. The West-and-the-Rest: Discourse and Power. In *The formations of Modernity: Understanding Modern Societies. An Introduction,* hrsg. von Bram Gieben und Stuart Hall, 184–227. Oxford: Blackwell Publishers.

Hampson, Fen Osler. 2002. *Madness in the Multitude: Human Security and World Disorder.* Oxford: Oxford University Press.

Hussien, Mohammud A. 2011. From State to Human Security: Institutionalising and Operationalising Human Security in Africa. In *Mainstreaming Human Security in Peace Operations and Crisis Management: Policies, Problems, Potential*, hrsg, von Wolfgang Benedek, Matthias C. Kettemann und Markus Möstl, 215–242, London: Routledge.

Kim, Sung Won. 2010. Human Security with an Asian Face? *Indiana Journal of Global Legal Studies* 17 (1): 83–103.

Krishna, Sankaran. 2015. Colonial Legacies and Contemporary Destitution: Law, Race, and Human Security. *Alternatives: Global, Local, Political* 40 (2): 85–101.

Lumumba-Kasongo, Tukumbi. 2015. Rethinking the Bandung Conference in an Era of „Unipolar Liberal Globalization" and Movements Toward a „Multipolar Politics". *Bandung: Journal of the Global South* 2 (9): 1–17.

Mgbeoji, Ikechi. 2006. The Civilised Self and the Barbaric Other: Imperial Delusions of Order and the Challenges of Human Security. *Third World Quarterly* 27(5): 855–869.

Migdal, Joel. 1988. *Strong Societies and Weak States*. Princeton: Princeton University Press

Mignolo, Walter D. 2010. *The Darker Side of the Renaissance: Literacy, Territoriality and Colonization*. 2. Aufl. Ann Arbour: University of Michigan Press.

Nishikawa, Yukiko. 2010. *Human Security in Southeast Asia*. London: Routledge.

Pillay, Divakaran und Padma Kumar. 2016. Applying Human Security in the Indian Context. *Strategic Analysis* 40 (1): 41–55.

Pupavac, Vanessa. 2005. Human Security and the Rise of Global Therapeutic Governance. *Conflict, Development and Security* 5 (2): 161–182.

Ratuva, Steven. 2016. Subalternization of the Global South: Critique of Mainstream „Western" Security Discourses. *Cultural Dynamics* 28 (2): 211–228.

Richmond, Oliver P. 2009. A Post-Liberal Peace: Eirenism and the Everyday. *Review of International Studies* 35 (3): 557–580.

Richmond, Oliver P. 2013. Human Security and its Subjects. *International Journal: Canada's Journal of Global Policy Analysis* 68 (1): 205–225.

Sabaratnam, Meera. 2013. Avatars of Eurocentrism in the Critique of the Liberal Peace. *Security Dialogue* 44 (3): 259–278.

Saravanamuttu, Johan. 2005. Wither The ASEAN Security Community? Some Reflections. *International Journal of Asia Pacific Studies* 1 (1): 44–61.

Sen, Amartya. 1999. *Development as Freedom*. Oxford: Oxford University Press.

Shani, Giorgio. 2017. Human Security as Ontological Security: a Post-Colonial Approach. *Postcolonial Studies* 20 (3): 275–293.

Thomas, Caroline. 2001. Global Governance, Development and Human Security: Exploring the Links. *Third World Quarterly* 22 (2):159-175.

Waibel, Tom. 2014. Praktiken des Ungehorsams. *Zeitschrift für Kulturwissenschaften* 8 (1): 101–105.

Gerechter Frieden und menschliche Sicherheit
Überlegungen zur Verhältnisbestimmung in vier Thesen

Jean-Daniel Strub

1   Einleitung

Zehn Jahre sind eine lange Zeit. Erinnern Sie sich an den 9. Januar 2007? Wer im Kontext des vorliegenden Bandes diese Jahreszahl liest, denkt dabei – so ist anzunehmen – unweigerlich an die Veröffentlichung der aktuellen Friedensdenkschrift der EKD, in der das Konzept des gerechten Friedens entfaltet wurde.

Der 9. Januar jenes Jahres markierte jedoch in einem vollständig anderen Bereich den Beginn einer Entwicklung, die weltweit tiefgreifende gesellschaftliche Veränderungen antrieb. An jenem Tag nämlich stellte die Firma Apple ihr erstes iPhone vor und damit ein Smartphone, das dank der Touchscreen-Technologie den Mobiltelefonmarkt innerhalb kürzester Zeit auf den Kopf stellte und ein Nutzerinnen- und Nutzerverhalten herbeiführte, das heute den beruflichen ebenso wie den privaten Alltag einer Mehrzahl der Menschen weltweit prägt, strukturiert und ihn nachhaltig verändert hat. Dass dies nicht nur zum Positiven geschah, braucht angesichts einer täglichen Bildschirmzeit, die in unseren Breiten im Durchschnitt fast drei Stunden beträgt, und in Anbetracht der

77

© Springer Fachmedien Wiesbaden GmbH, ein Teil von Springer Nature 2019
I.-J. Werkner und B. Oberdorfer (Hrsg.), *Menschliche Sicherheit und gerechter Frieden*, Gerechter Frieden, https://doi.org/10.1007/978-3-658-25615-9_5

Diskussionen um Sucherscheinungen namentlich bei Jugendlichen und Kindern nicht näher ausgeführt zu werden. Insgesamt geschah die Marktdurchdringung des Smartphones nicht nur unvorstellbar schnell, sondern sie war auch derart einflussreich, dass man nicht nur ihre gesellschaftlichen Folgen nicht abzusehen vermochte, sondern gleichsam die Erinnerung daran verblasst, wie die Welt davor eigentlich beschaffen war (vgl. dazu kritisch Welzer 2016).

Dass das Smartphone mit seinen kombinierten Möglichkeiten von Vernetzung, Bilder- und Informationsaustausch mit Blick auf das Verständnis heutiger Migrationsbewegungen ein wesentlicher Faktor ist, hat kürzlich eine eindrückliche Reportage in einem Schweizer Magazin aufgezeigt.[1] Es ist davon auszugehen, dass die Frage, welchen Einfluss die Verbreitung von Smartphones auf Konflikte, Konflitkbewältigung und Konftliktbeschleunigung hat, auch friedenswissenschaftlich ergiebig sein könnte. – Dies ist hier jedoch nicht mein Interesse. Der Verweis auf die erst vergleichs- weise kurze Zeit zurückliegende Präsentation des ersten iPhones soll lediglich in Erinnerung rufen, wie schnell sich maßgebliche Rahmenbedingungen der Welt, in der wir leben, auch in alltägli- chen Bereichen de facto verändern, selbst dann, wenn uns diese Zeiträume in der gefühlten Realität ungleich länger erscheinen.

Dies vor Augen zu haben, scheint mir wichtig, wenn wir uns heute die Frage stellen, inwiefern die beiden Konzepte „menschliche Sicherheit" und „gerechter Frieden" in einem Entsprechungsverhält- nis stehen und inwieweit die Analyse dieses Verhältnisses für die weitere Theoriebildung zum gerechten Frieden nützlich sein kann. Die Friedensdenkschrift der EKD hält hierzu unter gleichzeitiger

---

1   Vgl. https://www.tagesanzeiger.ch/ausland/europa/die-geblendeten-ue-
     ber-das-missverstaendnis-der-migration/story/21699830. Zugegriffen:
     20. Januar 2019.

Bezugnahme auf die Konzepte der menschlichen Entwicklung und der *Human Security* (vgl. UNDP 1994) bekanntlich fest:

> „Die im UNDP-Ansatz miteinander verbundenen Konzepte ‚Menschliche Entwicklung' und ‚Menschliche Sicherheit' richten das Augenmerk auf die Überlebens- und Entfaltungsmöglichkeiten der einzelnen Menschen unter den verschiedenen gesellschaftlichen und staatlichen Rahmenbedingungen. Die Verknüpfung beider Konzepte entspricht dem auf der menschlichen Würde basierenden Konzept des Gerechten Friedens" (EKD 2007, Ziff. 187).

Auch habe ich selbst an anderer Stelle ausdrücklich dafür plädiert, von einer engen Entsprechung beider Konzepte auszugehen und diese produktiv zu nutzen (vgl. Strub 2010, 207ff. und 246ff.). Doch was ist von dieser Entsprechungsthese im Rückblick übrig geblieben? Wie hat sich die Diskussion um die beiden Konzepte entwickelt und welche Fragen sind neu zu stellen, nicht zuletzt angesichts der stark verminderten Strahlkraft, die der *Human Security*-Ansatz im heutigen geopolitischen Umfeld aufweist? Was eint und was trennt die Leitmotive gerechter Frieden und menschliche Sicherheit und inwieweit vermag der Blick auf letzteres konzeptionelle Unschärfen des ersteren zu klären? Geht die Entsprechung gar so weit, dass das Konzept der *Human Security* als säkulare Übersetzung des gerechten Friedens gelesen werden darf?

Ziel dieses Beitrages ist es, in vier Thesen einige Überlegungen zu dieser Verhältnisbestimmung beizusteuern und relevanten Gemeinsamkeiten und Unterschieden zwischen beiden Konzepten nachzugehen. Dies geschieht in der gebotenen Vorläufigkeit und im Sinne eines Diskussionsbeitrages. Für die Analyse der Konzepte sollte dabei nicht außer Acht gelassen werden, dass sich – ähnlich wie beim Smartphone-Beispiel – die heutigen friedens- und sicherheitspolitischen Konstellationen und Herausforderungen gegenüber jenen, in denen die Entsprechungsthese geäußert wurde, in durchaus kurzer Zeit deutlich verändert haben.

2   Gerechter Frieden als menschliche Sicherheit? Vier Thesen

▶ These 1: Normative Attraktivität als Stärke: Zusammendenken, was zusammengehört.

Zu den augenfälligen Gemeinsamkeiten der Konzepte des gerechten Friedens und der menschlichen Sicherheit gehört, dass sie sich als Leitmotive für eine Gesamtbetrachtung der Friedens- und Sicherheitspolitik, ja der internationalen Beziehungen schlechthin, verstehen. So finden sich zumindest mit Blick auf den gerechten Frieden Beiträge, die diesen als eigentliche „Ethik der internationalen Beziehungen" zu entfalten vorschlagen (vgl. Haspel 2007). Mit Blick auf den *Human Security*-Ansatz kommt der umfassende Anspruch etwa darin zum Ausdruck, dass von Beginn an die enge und die weite Konzeption – *freedom from fear* und *freedom from want* – in einem produktiven Widerstreit standen und zur Frage Anlass gaben, in welcher Ausprägung sie die reale Politik tatsächlich zielführend anzuleiten vermögen. Auch bezüglich des Konzepts des gerechten Friedens wird bis heute – und nicht zuletzt im Rahmen der Konsultationen, in die sich die vorliegend dokumentierten Beiträge einordnen – diskutiert, wie weit gefasst das Konzept überhaupt eine sinnvolle Orientierung für die friedensethische Reflexion und konkrete Praxis bieten könne.

Mit ihrer umfassenden Ausrichtung stehen beide Konzepte nicht zuletzt unter dem Eindruck der Debatte um die humanitäre Intervention, die Ende der 1990er Jahre freigelegt hatte, dass ein breit gefasster friedensethischer Orientierungsrahmen, der nicht erst dann zum Tragen kommt, wenn sich bereits Ultima Ratio-Fragen stellen, fehlt. In dieser Hinsicht eint die beiden Konzepte, dass sie zwar in zeitlose Begründungszusammenhänge gestellt werden – in einen biblisch-theologischen Begründungszusammenhang für den gerechten Frieden und in einen dezidiert menschenrechtlichen und an der menschlichen Würde orientierten Zusammenhang für die menschliche Sicherheit –, von ihrem Entstehungskontext und den vorrangig benannten politischen Aufgaben her aber notwendigerweise Kinder ihrer Zeit sind. Als solche sind sie unzweifelhaft beide auch heute noch in hohem Maß normativ attraktiv. Dazu gehört ihre intuitive rhetorische Plausibilität, die bei der menschlichen Sicherheit aus dem direkten menschenrechtlichen Rekurs resultiert, derweil sie beim gerechten Frieden aus der theologischen Begründung und Grundlegung – namentlich im Shalom-Begriff – schöpft. Die normative Attraktivität beider Konzepte kommt auch darin zum Ausdruck, dass sowohl die menschliche Sicherheit als auch der gerechte Frieden für die Hinwendung zu den Individuen als Adressaten der friedens- und sicherheitspolitischen Reflexion stehen. Die Schutzwürdigkeit der Individuen müsse, so die in beiden Ansätzen wichtige Forderung, auch in Staaten, die deren Sicherheit nicht gewährleisten (können), Bestand haben.

Doch der Anspruch beider Konzepte, zusammenzudenken, was zusammengehört, kann, wie die Diskussion gezeigt hat, auch mit dem Risiko einhergehen, dass sie inhaltlich überfrachtet werden. Dies ergibt sich als Konsequenz daraus, dass sie mit dem Anspruch einhergehen, allzu enggeführte Verständnisse des Friedens- oder des Sicherheitsbegriffs zu korrigieren. Was aber bleibt dann an analytischem Zugewinn und Orientierungsleistung, wenn die Bedingungen des gerechten Friedens oder der menschlichen Sicherheit derart komplex sind, dass beispielsweise offen bleibt, welche Prioritätensetzungen sich aus der Orientierung am jeweiligen Konzept ergeben? Analytische Unschärfe ist denn auch ein

Einwand, mit dem beide Konzepte gleichermaßen konfrontiert sind. Dabei fällt auf, dass im Sinne einer Entgegnung sowohl der menschlichen Sicherheit als auch dem gerechten Frieden die Funktion eines „politischen Leitmotivs" (vgl. u. a. Werthes und Bosold 2006, S. 21f.) beziehungsweise eines „politisch-ethischen Leitbilds" (so die EKD-Friedensdenkschrift) zugewiesen werden. Als solche würden sie – so der Anspruch – Motivation und Mobilisierung bewirken, zugleich aber auch Orientierung im Hinblick auf die Wahl verschiedener politischer Handlungsoptionen anbieten. Gerade hinsichtlich des zweiten Aspekts bestehen mit Blick auf den Ansatz der menschlichen Sicherheit jedoch ähnliche Schwierigkeiten wie sie für den weiten Friedensbegriff gelten, den die EKD-Denkschrift als gerechten Frieden entfaltet: Ein Verständnis menschlicher Sicherheit im Sinne der *freedom from want*-Perspektive (die *freedom from fear* selbstredend einschließt) bringt zwar einen Gewinn an appellativer Kraft mit sich, kann aber mit einem Verlust an analytischem und praktischem Nutzen, den er im Hinblick auf die Entscheidungsfindung zu erbringen beansprucht, einhergehen. Gerechter Friede und menschliche Sicherheit gehen in dieser Hinsicht mit einem Klärungsbedarf hinsichtlich ihrer politisch-praktischen Orientierungsleistung einher, den die Konzepte augenscheinlich – wie es der Rückblick nahelegt – nur schwerlich aus sich selbst zu schöpfen in der Lage sind (mit Blick auf den gerechten Frieden vgl. Werkner und Schües 2018; Jäger und Strub 2018).

Ungeachtet ihrer möglichen funktionalen Defizite und ihres gleichermaßen zeitgebundenen Entstehungskontexts eint die beiden Konzeptionen auch eine unübersehbare inhaltliche Nähe. Diese wird in der Friedensdenkschrift durchaus plakativ postuliert. Für die Theorieentwicklung lässt sie sich auf mindestens drei Ebenen fruchtbar machen:

Zum einen zielen gerechter Friede und menschliche Sicherheit beide darauf ab, Bedingungen für die Überwindung kriegerischer Verhältnisse zu formulieren. Dabei seien – so die Betonung – die sozio-ökonomischen Faktoren, die als Kausalfaktoren gewaltsamer Konflikte wirken können, explizit in die Reflexion einzubeziehen. Diese Vorgabe der Verwirklichung eines gerechten Friedens oder menschlicher Sicherheit wirkt dadurch als kritisches Regulativ, nicht als unmittelbare politische Anweisung. In dieser Hinsicht eint die Ansätze auch, dass sie dezidiert als Korrektiv fälschlicherweise etablierter Begrifflichkeit auftreten.

Freilich zeigt sich hier auch ein fundamentaler Unterschied zwischen den beiden Ansätzen: Die Rede vom gerechten Frieden insistiert auf eine *Erweiterung* des Friedensbegriffs, der nur dann zureichend erfasst sei, wenn die konstitutive Interdependenz von Frieden und Gerechtigkeit im leitenden Friedensverständnis reflektiert werde. Die Korrektur verweist somit auf den Begriff selbst, dessen Gehalt und normative Implikationen sich erweitern, wenn er in nicht-defizitärer Weise verwendet wird. Demgegenüber bezieht sich die Korrektur, die mit der Rede von der menschlichen Sicherheit einhergeht, in erster Linie auf die Adressaten von Sicherheit: Standen zuvor Staaten im Fokus, richtet sich der Blick mit dieser *Umdeutung* nun auf die einzelnen Individuen mit ihren Rechten und Freiheiten. Damit gehen selbstredend ebenfalls gewichtige Erweiterungen der normativen Implikationen einher. Sie verweisen jedoch, so scheint es, vorab auf die Frage nach dem Subjekt von Sicherheit und gleichsam erst nachgelagert auf den Begriff selbst.

Als Gemeinsamkeit auf der inhaltlichen Ebene gilt sodann, *zum zweiten*, sicherlich, dass *Human Security* und gerechter Frieden beide für präventive friedens- beziehungsweise sicherheitsfördernde Maßnahmen und sie ermöglichende Strukturen stehen (vgl. hierzu auch den Beitrag von Gerd Oberleitner in diesem Band). Damit einher geht, dass beide einen Primat gewaltfreier

Konfliktbearbeitung zur Konsequenz haben, was mit Blick auf den Sicherheitsbegriff als wesentliche normative Implikation der oben erwähnten Umdeutung verstanden werden kann.

Zum dritten schließlich stellen sowohl das Konzept des gerechten Friedens als auch der Ansatz der menschlichen Sicherheit dynamische Konzeptionen dar, die Frieden beziehungsweise Sicherheit als stets von Neuem zu sichernden Prozess politischer und sozialer Interaktion präsentieren. Menschliche Sicherheit und gerechter Friede können nicht einseitig auf polizeilich oder militärisch abgestützte Sicherungsmechanismen ausgerichtet sein, sondern implizieren – als Kausalfaktoren – den Einbezug sozio-ökonomischer, ökologischer und politischer Aspekte. Wie der Prozess des gerechten Friedens steht somit auch der Prozess menschlicher Sicherheit eng mit Fragen der sozialen Gerechtigkeit, nachhaltigen Entwicklung, Ökologie und politischen Institutionenbildung in Verbindung.

Für die Frage der Inanspruchnahme des Konzepts menschlicher Sicherheit für eine zeitgemäße Friedensethik ist indes zu diskutieren, ob und inwiefern die zentrale Stellung des *Friedens*begriffs im Leitbild des gerechten Friedens mit der des *Sicherheits*begriffs im *Human Security*-Ansatz überhaupt vermittelbar ist. Immerhin wurde und wird im Zusammenhang mit dem gerechten Frieden prominent betont, dass dessen Stärke und ein wesentlicher Teil seiner Orientierungsleistung darin bestehe, Probleme der internationalen Politik und der Überwindung von Gewalt eben konsequent vom Frieden her zu denken. Inwieweit, so ist zu fragen, ist im Rahmen einer solchen Ausrichtung der Friedensethik der Rückgriff auf ein Paradigma, das die menschliche *Sicherheit* zum Bezugspunkt hat, trotz aller funktionalen und inhaltlichen Entsprechungsmomente überhaupt möglich? Hierauf geht die folgende These ein.

➤ These 2: Sicherheit und Frieden trennen unterschiedliche Logiken.

Zu den Aspekten, die den gerechten Frieden und die menschliche Sicherheit als friedensethische beziehungsweise sicherheitspolitische Leitmotive voneinander abheben, gehören gewiss die unterschiedlichen Logiken, auf welche die beiden Begriffe semantisch und inhaltlich verweisen. Sabine Jaberg hat sich immer wieder – und jüngst im letzten Band dieser Reihe (vgl. Jaberg 2019) – mit dieser Frage auseinandergesetzt und eine begriffslogische Differenz festgehalten, die mit Blick auf die Verhältnisbestimmung von gerechtem Frieden und menschlicher Sicherheit eminent bedeutsam ist. Als Begriffslogik bezeichnet sie dabei die je „eigene Form oder Grammatik […], denen das Denken und Handeln zumindest *innerhalb* der Kategorien in einer Art Eigenbewegung folgt" (Jaberg 2017, S. 170, Hervorh. im Original). Friede, so Jaberg, sei in dieser Hinsicht immer schon ein sozialer Begriff, derweil Sicherheit einer asozialen Logik entstamme. Es gehöre zur inneren Logik des Friedensbegriffs, dass dieser nie nur ein „funktionales Miteinander" bezeichne, sondern „ein wechselseitiges Anerkennungsverhältnis im Sinne der Gleichwertigkeit und Gleichberechtigung" impliziere (Jaberg 2017, S. 170). Demgegenüber denke Sicherheit stets vom einzelnen Akteur und dessen Schutz gegenüber dem Äußeren her. So komme aus der Sicherheitsperspektive dem Gegenüber keine eigene Wertigkeit zu, sondern ergebe sich letztlich immer erst im Hinblick auf dessen Bedeutung für das Subjekt der Sicherheit.

Die Implikation dieser unterschiedlichen Logiken, denen Sicherheit und Frieden folgen, ist laut Jaberg die Herausbildung zumindest dreier „epistemischer Haltungen", deren Unterscheidung auch für die Diskussion relevanter Unterschiede zwischen menschlicher Sicherheit und gerechtem Frieden wichtig ist. Da ist zunächst die bereits erwähnte Unterscheidung von „Sozialität" des

Friedens und „Asozialität" der Sicherheit. Während die Orientierung am Frieden auf Symmetrie und Vertrauen ausgerichtet sei, befördere die Orientierung an der Sicherheit eine Selbstbezüglichkeit, die gewiss ungeachtet der begrifflichen Umdeutung, mit der menschliche Sicherheit einhergeht, bestehen bleibt. Sozialität und Asozialität wiederum befördern zweitens die Tatsache, dass sich eine Orientierung am Frieden in der Gewaltaversität manifestiere, derweil die Orientierung an der Sicherheit eher mit einer Gewaltindifferenz einhergehe. Letzteres wäre mit Blick auf das Paradigma der menschlichen Sicherheit vor allem dahingehend bedeutsam, dass hiermit gemäß Jaberg eine Verengung des Horizonts einhergehe. Eine weitere epistemische Haltung der Sicherheit fokussiere auf die „personalen Komponenten der Bedrohung wie der Reaktion" und ignoriere „strukturelle und kulturelle Faktoren oder reduzier[e] sie auf ihren unmittelbaren Wirkungsverbund mit der personalen Komponente" (Jaberg 2017, S. 171). Zum dritten schließlich manifestiere sich der Unterschied in einer stärker zu Optimismus neigenden Haltung innerhalb einer Friedenslogik und einer vermehrt Pessimismus befördernden Haltung in einer Sicherheitslogik. Dies resultiere in einer erhöhten Ausrichtung auf Kooperation im ersten Fall und einer stärkeren Tendenz zur Konfrontation im letzteren.

Man muss diese Analyse nicht im Einzelnen teilen, um nachzuvollziehen, dass die abweichenden Begriffslogiken von Frieden und Sicherheit einer allzu direkten Ineinssetzung von gerechtem Frieden und menschlicher Sicherheit zwar nicht per se eine Grenze setzen, diese aber doch an Voraussetzungen knüpfen, die bisher wenig ausgeführt wurden. Dies gilt ebenso für eine weitere Unterscheidung, die mit den Ausführungen zur Begriffslogik in Verbindung steht und der sich die nachfolgende These widmet.

» These 3: *Human Security* differenziert den Blick auf den Staat.

Der *Human Security*-Ansatz formuliert den expliziten Anspruch, das Individuum ins Zentrum der friedens- und sicherheitspolitischen Überlegungen zu rücken. Seine Rechte, Sicherheitsgefährdungen und materiellen Bedürfnisse sind als Faktoren im Blick, deren Beachtung Frieden und Sicherheit begünstigen und deren Missachtung Gewalt befördern. Die Rede vom gerechten Frieden betont zwar ebenfalls die menschenrechtliche Grundlage von Friedensethik und Friedenspolitik und konkretisiert diese im entsprechenden Leitbild. Gleichwohl scheint das Individuum nicht gleichermaßen im Zentrum zu stehen wie dies im *Human Security*-Ansatz der Fall ist. Vielmehr manifestiert sich in der Rede vom gerechten Frieden – womöglich als Ausdruck einer in der Begriffslogik des Friedens wurzelnden epistemischen Haltung – eine grundsätzlich positive Konnotation staatlicher Verfasstheit, zumal in einer rechtsstaatlichen Ausprägung. Dies ist konsequent angesichts der wichtigen Stellung, die zwischenstaatlichen Institutionen der Friedensschaffung und -sicherung im Leitbild des gerechten Friedens eingeräumt wird.

Gewiss: Im Rahmen der Überlegungen zur rechtserhaltenden Gewalt findet sich auch innerhalb des gerechten Friedens eine Auseinandersetzung mit der Frage, wie mit Staaten umzugehen ist, die gerade nicht als Garanten, sondern als Gefährder der fundamentalen Menschenrechte ihrer Einwohnerinnen und Einwohner auftreten. Gleichwohl erscheint Staatlichkeit in dieser friedensethischen Perspektive meist gleichsam *per se* als Fortschritt gegenüber fehlender Staatlichkeit, wenngleich empirisch nicht zwingend nachgewiesen ist, dass die eine Situation notwendig einen Fortschritt gegenüber der anderen bedeutet. Dies wurzelt auch in der Tatsache, dass das Leitbild des gerechten Friedens – da auf institutionalisierte gewaltfreie Interaktion ausgerichtet – seiner Natur nach tendenziell kollektivistisch ist.

Demgegenüber erlaubt es der zunächst stärker individualistische Ansatz der menschlichen Sicherheit weitaus direkter, den Staat auch mit seinen sicherheitseinschränkenden beziehungsweise -gefährdenden Auswirkungen zu thematisieren. Darauf weist auch Thorsten Bonacker in seinem Beitrag in diesem Band hin, der die postkoloniale Perspektive auf das Konzept der menschlichen Sicherheit darstellt. Nicht zuletzt könnte angesichts der Beschaffenheit derjenigen Situationen, an denen sich friedens- und sicherheitspolitische Konzepte heute noch viel stärker als zum Zeitpunkt des Erscheinens der Friedensdenkschrift zu bewähren haben (wie der Bürgerkrieg in Libyen oder die Lage in Syrien), die Diskussion um den gerechten Frieden aus einer vertieften Auseinandersetzung mit staatskritischen Aspekten, wie sie im *Human Security*-Ansatz freigelegt werden, Gewinn ziehen. Mit Blick auf das Postulat der Entsprechung von gerechtem Frieden und menschlicher Sicherheit ist zumindest zu fragen, inwiefern letzteres Konzept gerade dadurch von der Rede vom gerechten Frieden unterschieden ist, dass es Staatlichkeit kritischer zu sehen erlaubt.

> ⮞ These 4: Das „Mehr": Menschliche Sicherheit ist nicht einfach die säkulare Übersetzung des gerechten Friedens.

Die Friedensdenkschrift der EKD setzt den gerechten Frieden in knappen Worten mit dem weiten *Human Security*-Ansatz in eins. Dass sie dies tut, deutet an, dass es für eine am Konzept des gerechten Friedens orientierte Friedensethik attraktiv ist, sich einem Konzept anzuschließen, das außerhalb der theologischen Debatte und im Innersten der wichtigsten friedens- und sicherheitspolitischen Akteure wirksam ist. Denn es ist ja erklärtes Ziel dieser friedensethischen Konzeption, auch im säkularen Raum Wirkung zu entfalten und anschlussfähig zu sein (vgl. Anselm 2018).

Umso mehr stellt sich mit Blick auf das Verhältnis von menschlicher Sicherheit und gerechtem Frieden die Frage, ob ersteres in letzter Konsequenz mithin als säkulare Übersetzung des letzteren zu lesen ist und so auch die ethischen Postulate einer Orientierung am gerechten Frieden direkt im Herzen zeitgenössischer Friedens- und Sicherheitspolitik wirksam werden könnten. Dass zwischen menschlicher Sicherheit und gerechtem Frieden – wie oben ausgeführt – weit reichende inhaltliche und funktionale Gemeinsamkeiten bestehen, scheint offensichtlich. Zugleich wurden mit den begrifflichen und staatsbezogenen Aspekten bereits einige Gesichtspunkte erwogen, die gegen eine direkte Ineinssetzung und somit gegen die Übersetzungsthese sprechen.

Entscheidend scheint in dieser Hinsicht jedoch ein dritter Aspekt: Die Rede vom gerechten Frieden und das Konzept an sich gehen mit dem Anspruch einher, ein friedensethisch bedeutsames „Mehr" für den Friedensbegriff zu erschließen, das aus dessen Konnotation als gerechter Frieden resultiert. Es handelt sich hierbei, theologisch gesprochen, um die eschatologische Dimension des Friedens, die ihn als Gabe und Verheißung, wie es die Friedensdenkschrift verschiedentlich in Erinnerung ruft, für praktisches Friedenshandeln orientierend werden lässt. Frieden in Gerechtigkeit manifestiert sich, so die Denkschrift, in Entsprechung zur biblischen Vorstellung als

> „umfassende Wohlordnung, ein intaktes Verhältnis der Menschen untereinander und zur Gemeinschaft, zu sich selbst, zur Mitwelt und zu Gott, das allem menschlichen Handeln vorausliegt und nicht erst von ihm hervorgebracht wird" (EKD 2007, Ziff. 75).

Anders – und gewiss verkürzt – ausgedrückt: Die Rede vom gerechten Frieden orientiert sich als Leitbild an einer umfassenden

Vision gelingenden Lebens und sozialer Interaktion. Eines ihrer Kennzeichen ist die *Dauerhaftigkeit* der Überwindung der Gewaltanwendung, die einen gerechten Frieden im Kern bestimmt.

Ohne Zweifel ist auch der Ansatz der menschlichen Sicherheit normativ anspruchsvoll. Die Neuorientierung – im Sinne der erwähnten Umdeutung – des Sicherheitsdiskurses, die er intendiert, würde in der konkreten Realität derer, deren menschliche Sicherheit tagtäglich bedroht ist, positive Veränderungen unschätzbaren Ausmaßes bewirken. Insofern ließe sich folgern, dass auch der Ansatz der menschlichen Sicherheit visionären Charakter hat, etwa dann, wenn man mit Gert Oberleitner betont, dass „menschliche Sicherheit erlaubt, die tradierte, staatenzentrierte und letztlich im Bild des Krieges verankerte Sicherheitslogik hinter sich zu lassen". Visionär ist ein solches Verständnis allemal – freilich in einem eher umgangssprachlichen Sinne. Es scheint jedoch naheliegend, dass dieser visionäre Anteil des Konzepts der menschlichen Sicherheit nicht vergleichbar ist mit der Vision, die im gerechten Frieden mitschwingt, wenn er als Leitbild einer christlichen Friedensethik entfaltet wird. Pointierter Ausdruck hierfür ist auch die Dauerhaftigkeit der Herbeiführung und Absicherung gewaltfreier Interaktionen – ein Anspruch, der gerade im Widerspruch zu jener Orientierung am Sicherheitsbegriff zu stehen scheint.

3   Fazit

Wenn die hier angedeuteten Thesen zutreffen, so scheint eine direkte Entsprechung von gerechtem Frieden und menschlicher Sicherheit, wie sie die EKD-Friedensdenkschrift zu postulieren scheint, näher begründungsbedürftig. Zwar eint die beiden Konzepte gewiss mehr als sie voneinander unterscheidet und es ist mit Sicherheit mehr als eine bloße zeitliche Koinzidenz, dass sie trotz inzwischen verringerter Strahlkraft vor erst kurzer Zeit parallel in der friedensethischen Debatte wirksam wurden. Menschliche Sicherheit als „säkulare Übersetzung" des Konzepts des gerechten Friedens anzusehen, fügt dem ohnehin schon äußerst voraussetzungsreichen *Human Security*-Ansatz jedoch eine Verständnisdimension hinzu, die dieser weder postuliert noch implizieren kann.

Vor allem aber scheint es fraglich, inwiefern im Kontext einer Debatte, die mit dem Leitbild des gerechten Friedens einen ethischen Ansatz in den Mittelpunkt rücken will, der konsequent vom Frieden her denkt, die direkte Entsprechung in einem Konzept sucht, das einer anderen Logik verhaftet ist – auch wenn es den Sicherheitsbegriff umdeutet. All dies spricht keinesfalls dagegen, das Potenzial der Vermittlung in die Sphäre der realen Politik auszunutzen, die mit der Rede von der menschlichen Sicherheit für den gerechten Frieden einhergeht. Einer unmittelbaren Entsprechung scheinen aber Grenzen gesetzt.

Literatur

Anselm, Reiner. 2018. Kategorien ethischen Urteilens im Konzept des gerechten Friedens. In *Gerechter Frieden als Orientierungswissen*, hrsg. von Ines-Jacqueline Werkner und Christina Schües, 49–65. 2. Aufl. Wiesbaden: Springer VS.

Evangelische Kirche in Deutschland (EKD). 2007. Aus Gottes Frieden leben – für gerechten Frieden sorgen. Eine Denkschrift des Rates der Evangelischen Kirche in Deutschland. Gütersloh: Gütersloher Verlagshaus.

Haspel, Michael. 2007. Die „Theorie des gerechten Friedens" als normative Theorie internationaler Beziehungen? Möglichkeiten und Grenzen. In *Der gerechte Frieden zwischen Pazifismus und gerechtem Krieg.*

Paradigmen der Friedensethik im Diskurs, hrsg. von Stefan Grotefeld und Jean-Daniel Strub, 209–225. Stuttgart: Kohlhammer.

Jaberg, Sabine. 2017. Selbstreflexiver Frieden – selbstreflexive Sicherheit? *Sicherheit + Frieden* 35 (4): 169–173.

Jaberg, Sabine. 2019. Frieden und Sicherheit. Von der Begriffslogik zur epistemischen Haltung. In *Europäische Friedensordnungen und Sicherheitsarchitekturen,* hrsg. von Ines-Jacqueline Werkner und Martina Fischer, 13–42. Wiesbaden: Springer VS.

Jäger, Sarah und Jean-Daniel Strub (Hrsg.). 2018. *Gerechter Frieden als politisch-ethisches Leitbild.* Wiesbaden: Springer VS.

Strub, Jean-Daniel. 2010. *Der gerechte Friede. Spannungsfelder eines friedensethischen Leitbegriffs.* Stuttgart: Kohlhammer.

United Nations Development Programme (UNDP). 1994. Human Development Report 1994. http://hdr.undp.org/reports/global/1994/en/. Zugegriffen: 23. Januar 2019.

Welzer, Harald. 2016. *Die smarte Diktatur. Der Angriff auf unsere Freiheit.* Frankfurt a.M.: S. Fischer Verlag.

Werkner, Ines-Jacqueline und Christina Schües (Hrsg.). 2018. *Gerechter Frieden als Orientierungswissen.* 2. Aufl. Wiesbaden: Springer VS.

Werthes, Sascha und David Bosold. 2006. Caught between Pretension and Substantiveness – Ambiguities of Human Security as a Political Leitmotif. In *Human Security on Foreign Policy Agendas. Changes, Concepts and Cases,* hrsg. von Tobias Debiel und Sascha Werthes, 21–38. Duisburg: INEF.

Gerechter Frieden als menschliche Sicherheit?
Eine Synthese der Beiträge aus theologischer Perspektive

Bernd Oberdorfer

1 Einleitung

Die Bedeutung von Sicherheit für das friedliche Zusammenleben ist den biblischen Traditionen nicht unbekannt. Den durch die Wüste ziehenden Israeliten wird verheißen, dass sie im gelobten Land „sicher wohnen" werden (vgl. z. B. Lev 26,5; Dtn 12,10). Und im babylonischen Exil gehört zu der eschatologisch aufgeladenen Vision der Rückkehr der Deportierten regelmäßig die Perspektive einer gesicherten Existenz (vgl. z. B. Jer 23,6; 32,37). In der besonders aussagekräftigen Passage Ez 34,25-31 wird im Rahmen des „Bundes des Friedens", den Gott für die Rückkehr verspricht, die Sicherheit sogar im Zusammenspiel vielfältiger Faktoren entfaltet: nach außen als Befreiung aus und Bewahrung vor Fremdbestimmung durch andere Völker, nach innen als Schutz vor Gefährdungen (z. B. „böse Tiere" oder Dürre) und als Sicherung der Lebensgrundlagen (Fruchtbarkeit des Landes, kein Hunger). Auch in der reformatorischen Sozialethik spielte durch die Zentralstellung der Kategorie der Ordnung für die Gesellschaftsgestaltung die Gewährleistung gesicherter Lebensverhältnisse eine wichtige Rolle.

© Springer Fachmedien Wiesbaden GmbH, ein Teil von Springer Nature 2019
I.-J. Werkner und B. Oberdorfer (Hrsg.), *Menschliche Sicherheit und gerechter Frieden*, Gerechter Frieden, https://doi.org/10.1007/978-3-658-25615-9_6

Angesichts dessen ist es nachvollziehbar, wenn die Evangelische Kirche in Deutschland (EKD) in ihrer friedensethischen Positionierung von 2007 dem von den Vereinten Nationen entwickelten Konzept der menschlichen Sicherheit besondere Beachtung schenkt, vertritt dieses doch ein erweitertes Verständnis von Sicherheit, das nicht nur waffenbewehrte Absicherung gegen Gewaltbedrohung (*freedom from fear*), sondern auch den Schutz vor dem Entzug elementarer ökonomischer Lebensgrundlagen und politischer Partizipationsrechte (*freedom from need*), ja sogar die aktive Ermöglichung selbstbestimmter Lebensführung (*freedom to live in dignity*) umfasst. Die EKD-Friedensdenkschrift (2007, Ziff. 187) betont explizit, dass das Konzept der menschlichen Sicherheit dem theologischen Leitbild des gerechten Friedens „entspricht". In dem Abschnitt zu den „politischen Friedensaufgaben" nehmen die Ausführungen zur menschlichen Sicherheit denn auch eine prominente Stelle ein. Das lässt sich so lesen, dass menschliche Sicherheit als Ausdrucksgestalt des gerechten Friedens und insofern als säkulare Operationalisierungsform des theologischen Leitbildes zu verstehen ist. Im Sinne des Habermas'schen Übersetzungsparadigmas könnte man sagen: Die Denkschrift deutet die menschliche Sicherheit als Übersetzung der Gehalte des gerechten Friedens in den weltanschauungsunabhängigen friedensethischen und -politischen Diskurs.

Daraus erwächst eine doppelte Frage: Wie leistungsfähig ist menschliche Sicherheit als friedensethisches Konzept und in welchem Verhältnis steht es zum Leitbild des gerechten Friedens? Die Beiträge dieses Bandes konzentrieren sich vorrangig auf den ersten Aspekt, verbreitern aber eben damit die Basis für die Einschätzung des zweiten.

2 Menschliche Sicherheit: Stärken, Risiken und Nebenwirkungen eines Konzepts

Unstrittig scheint mir, dass der erweiterte Sicherheitsbegriff die Überwindung einer militärisch-politischen Engführung des Sicherheitsdiskurses ermöglicht. Sicherheit ist nicht schon durch die Abwesenheit manifester Gewalt oder Gewaltdrohung – von außen und von innen – gegeben. Sie schließt vielmehr die Absicherung gegen elementare Lebensrisiken (Hunger, soziale Diskriminierung etc.) und die Gewährleistung fundamentaler Partizipationsrechte (Zugang zu Medien, Meinungsfreiheit etc.) mit ein. Zudem erlaubt sie, mehrere Akteursperspektiven zu unterscheiden: Sicherheit beschränkt sich nicht darauf, dass der Staat seine Bürgerinnen und Bürger gegen Bedrohungen von außen und innen schützt; sie umfasst vielmehr auch Schutzrechte der Individuen *gegenüber* dem Staat. Dies lenkt den Blick darauf, dass Staaten nicht nur als Garanten, sondern auch als Gefährder der Sicherheit ihrer Bürgerinnen und Bürger – oder allgemeiner: der im Staatsgebiet wohnenden oder sich aufhaltenden Menschen – in Erscheinung treten können (vgl. den Beitrag von Tobias Debiel), so dass deren Sicherheit gegebenenfalls auch *gegen* den Staat geschützt werden muss. Das Konzept menschlicher Sicherheit dockt daher an den Menschenrechtsdiskurs an, es integriert ihn geradezu. Insofern in dem weiten Verständnis menschlicher Sicherheit die Befriedigung elementarer Bedürfnisse (*freedom from need*) und die Ermöglichung selbstbestimmter Entfaltung der eigenen Persönlichkeit (*freedom to live in dignity*) aufgenommen sind, ergibt sich auch eine sachliche Nähe zum Konzept der menschlichen Entwicklung.

Eben diese Stärke des Konzepts generiert nun aber auch Probleme und Risiken. Dies beginnt mit der theoriearchitektonischen Frage der Zuordnung der menschlichen Sicherheit zu den Menschenrechten und der menschlichen Entwicklung (vgl. die

Einführung von Ines-Jacqueline Werkner): Bildet die menschliche
Sicherheit den Oberbegriff, der die beiden Nachbardiskurse über-
greift, oder handelt es sich um drei unabhängige Konzeptionen, die
gleichsam nachgängig aufeinander bezogen werden? Das zunächst
unmittelbar einleuchtende integrative Verständnis der menschlichen Sicherheit steht jedenfalls in der Gefahr, den Menschenrechts-
und Entwicklungsdiskurs – vermutlich kontraintentional – zu
„versicherheitlichen" und damit die friedensethische Diskussion
insgesamt einseitig sicherheitspolitisch zu perspektivieren. Wenn
Sicherheit alle genannten Dimensionen umfasst, müssten sie dann
eben auch alle unter dem Aspekt der Sicherheit analysiert und
behandelt werden.

Damit zusammen hängt ein weiteres Problem: Wenn die
menschliche Sicherheit nicht nur auf der Ebene zwischen- oder
innerstaatlicher militärisch-politischer Bedrohungen angesiedelt
ist, sondern auch negative Schutz- und positive Entfaltungsrechte
der Individuen einschließt, dann vermehren sich die Anlässe,
eine Bedrohung der Sicherheit zu konstatieren. Die Diskussion
um die *Responsibility to Protect* hat gezeigt, dass die Ausweitung
des Sicherheitsbegriffs auch die Anwendung sicherheitspolitischer
Maßnahmen – konkret: militärische Interventionen – eher wahr-
scheinlich und besser legitimierbar zu machen scheint. Denn wenn
etwa die Einschränkung der Menschenrechte oder der Partizipa-
tions- und Entwicklungschancen von Individuen oder Bevölkerungsgruppen als Bedrohung der Sicherheit interpretiert werden
können, dann kann damit auch ein militärisches Eingreifen von
außen begründet werden. Die Möglichkeit, dass Individuen oder
Bevölkerungsgruppen *vor* ihrem Staat geschützt werden müssen,
da sie *durch* ihn nicht mehr geschützt werden, tangiert zudem
das für die völkerrechtliche Ordnung der zwischenstaatlichen
Beziehungen konstitutive Prinzip des Respekts vor der Staatssou-
veränität. Wenn Ausnahmen von diesem Prinzip (etwa in Gestalt

humanitärer Interventionen) möglich sind, wer darf dann wann mit welcher Begründung und welcher Legitimation in anderen Staaten intervenieren? Wer definiert einen Sicherheitsnotstand? Wer entscheidet, ob die militärische Intervention im gegebenen Fall das adäquate Mittel ist, diesen Notstand zu beheben? Und wer kann verhindern, dass andere Staaten in anderen Fällen sich auf den Präzedenzfall berufen?

3 Menschliche Sicherheit – mehr als ein ideologisches Konstrukt?

Diese Beobachtungen haben zu einer ideologiekritischen Entzauberung des Konzepts der menschlichen Sicherheit beigetragen. Dient die Berufung auf bedrohte menschliche Sicherheit nicht häufig als Vorwand zur Verschleierung anderer – machtpolitischer, ökonomischer – Interessen? Und wird dies nicht durch die Tatsache bestätigt, dass gegenüber manchen Staaten wegen gefährdeter Menschen- und Bürgerrechte die *Responsibility to Protect* geltend gemacht wird, während man gegenüber anderen mit vergleichbarer Menschenrechtslage darauf verzichtet? Es ist kein Zufall, dass dieser Verdacht häufig im Globalen Süden geäußert wird. Aus postkolonialer Perspektive kann der Eingriff in die staatliche Souveränität von außen (oder die Drohung damit) im Namen menschlicher Sicherheit leicht als ideologische Bemäntelung für neokoloniale Machtverteidigung oder -ausweitung, sprich: für Interessenpolitik, erscheinen (vgl. den Beitrag von Thorsten Bonacker). Schwer ist auch der Vorwurf zu entkräften, dass Staaten mit zweierlei Maß messen, wenn sie Interventionen in souveräne Staaten anderer Weltregionen unterstützen oder selbst praktizieren, Eingriffe in ihrem eigenen Staatsgebiet hingegen – und sei es auch nur die Verfolgung von durch ihre Staatsangehörigen begangenen

Menschenrechtsverletzungen durch eine internationale Strafge-
richtsbarkeit – unter Berufung auf ihre Souveränität kategorisch
verweigern („Wann werden die Vereinten Nationen Truppen nach
Kalifornien senden?"). Dass eine derartige postkoloniale Metakritik
freilich wiederum zur Stabilisierung innerstaatlicher Macht- und
Unterdrückungsverhältnisse instrumentalisiert werden kann, ist
kaum zu übersehen.

Ohne postkoloniale Zuspitzung weist Tobias Debiels diskursana-
lytischer Ansatz in dieselbe Richtung. Er liest das Konzept der
menschlichen Sicherheit primär als kommunikationsstrategi-
sches Mittel zur Durchsetzung politischer Ziele und betont die
taktisch-kommunikative Funktion des Konzepts für Staaten, die
sich damit in der internationalen politischen Wahrnehmung ein
bestimmtes Profil und Image geben wollen. Ungeachtet dieser
skeptisch-pragmatischen Einschätzung räumt jedoch auch er ein,
dass die Einspeisung der Semantik der menschlichen Sicherheit
in den friedenspolitischen Diskurs in begrenztem Rahmen und
für eine begrenzte Zeit durchaus erfolgreich war, zum Beispiel bei
der Ächtung von Landminen. Gleichwohl sieht er die Gefahr, dass
das Konzept – in Verbindung mit der *Responsibility to Protect* –
für eine interventionistische Politik ge- oder missbraucht werden
könne und damit den Einsatz militärischer Mittel eher fördere
als eindämme.

Weniger skeptisch ist Gerd Oberleitner. Er setzt sich mit der
Kritik auseinander, hält aber an der Leistungsfähigkeit des Modells
der menschlichen Sicherheit fest. Das Ziel, Zustände herzustellen,
in denen umfassend der „sorgenfreie[] Genuss grundlegender
Rechte und angemessener Lebensbedingungen" gewährleistet
ist, sei durch die „geopolitischen Entwicklungen des letzten Jahrzehnts" – näherhin die Erosion des „Raum[es] für den multilateralen *Bottom-up*-Ansatz einer auf universellen Menschenrechten
basierten menschlichen Sicherheit" – nicht kompromittiert. Auch

er sieht die Gefahr einer Versicherheitlichung, verbunden mit dem Risiko, das der menschlichen Sicherheit zugrunde liegende Motiv zu konterkarieren. Das Konzept legitimiere aber nicht automatisch humanitäre Militärinterventionen und bedeute auch nicht per se eine Beeinträchtigung nationaler Souveränität. Oberleitner hält menschliche Sicherheit sogar für ein „post-interventionistisches Konzept", das die Schranken für militärische Einsätze erhöhe. Das leuchtet insofern ein, als gerade der Ansatz einer umfassend gesicherten Existenz dazu nötigen kann, vor jeder Intervention zu bedenken, ob sie nicht eben das beschädigt oder zerstört, was sie zu schützen vorhat.

Alle Autoren verweisen auf den Entstehungskontext der 1990er Jahre und betonen die Zeitgebundenheit des Konzepts, die eine unmodifizierte Übertragung in die Gegenwart unmöglich mache. Debiel hebt die ursprünglich staatskritische Dynamik menschlicher Sicherheit hervor, die aber zunehmend durch die Instrumentalisierung des Konzepts durch Staaten zur besseren Durchsetzung ihrer Interessen überlagert worden sei. Die entscheidende Frage wäre dann, ob sich die ursprüngliche Intention wieder freilegen ließe. In jedem Fall müssten dabei die durchaus ernüchternden Erfahrungen der vergangenen Jahrzehnte berücksichtigt werden. Die Aufgabe bestünde dann darin zu zeigen, wie der ganzheitliche Ansatz von Sicherheit erhalten werden kann, ohne einer Legitimation vermehrter militärischer Interventionen Vorschub zu leisten.

4   Menschliche Sicherheit in der kirchlichen Friedensethik

Die Attraktivität des Konzepts der menschlichen Sicherheit für die kirchliche Friedensethik ist leicht erklärt. Es ist gerade das mehrdimensionale Verständnis von Sicherheit, das offenkundige

Strukturparallelen zum Leitbild des gerechten Friedens aufweist. Dennoch mahnt schon das unterschiedliche semantische Feld zur Vorsicht: Frieden und Sicherheit stehen nicht für das Gleiche, eröffnen unterschiedliche Assoziationsräume und Anschlussmöglichkeiten. Gewiss gehört Sicherheit zum Frieden; aber Frieden geht nicht in Sicherheit auf. Deshalb ist die Überzeugung der EKD-Denkschrift, die menschliche Sicherheit „entspreche" dem gerechten Frieden, mindestens zu differenzieren.

Dies gilt auch unter Berücksichtigung der umfassenden Anreicherung des Sicherheitsbegriffs. Dass gerade die an sich zu begrüßende Erweiterung des Sicherheitsverständnisses die Gefahr einer Versicherheitlichung der Diskurse über die Förderung freiheitlich-friedlicher Lebensgestaltung mit sich bringt, ist in der friedensethischen und -politischen Diskussion vielfach vermerkt worden und sollte zu denken geben. Auch Jean-Daniel Strub konstatiert eine Spannung zwischen einer Orientierung am Frieden und einer Orientierung an der Sicherheit. Das eine ist nicht einfach in das andere zu übersetzen.

Zu beachten ist in diesem Zusammenhang auch die Verwendungs- und Rezeptionsgeschichte des Konzepts der menschlichen Sicherheit. Sie hat gezeigt, dass die Berufung gerade auf eine umfassende menschliche Sicherheit über die Gefahr der Versicherheitlichung hinaus die Gründe für militärische Einsätze vermehren und der Verschleierung machtpolitischer und ökonomischer Ziele dienen kann. Was daraus für die Verwendung des Konzepts im Rahmen einer theologischen Theorie des gerechten Friedens folgt, bedarf der weiteren Klärung. Ob der gerechte Frieden in analoger Weise instrumentalisierbar ist wie die menschliche Sicherheit, wäre ebenfalls zu fragen.

Strub macht noch auf ein weiteres Problem aufmerksam: Beide Konzepte enthalten das Risiko, „inhaltlich überfrachtet [zu] werden". In der Tat tendiert das Leitbild des gerechten Friedens zu einer Anspruchsüberdehnung, jedenfalls dann, wenn Gerechtigkeit als Voraussetzung dafür gilt, überhaupt von Frieden sprechen zu können (vgl. Oberdorfer 2018). Entsprechend könnte die inhaltliche Ausweitung des Sicherheitsbegriffs die paradoxe Konsequenz nach sich ziehen, dass im Grunde nirgends im Vollsinn Sicherheit herrscht. Die Kehrseite der Versicherheitlichung wäre dann Verunsicherung. Angesichts dieses nichtintendierten (und unerwünschten) Effekts besteht die konzeptionelle Herausforderung darin, die inhaltliche Differenzierung des Sicherheitsverständnisses, die das Konzept der menschlichen Sicherheit geleistet hat, zu bewahren, ohne die Sicherheit zu entgrenzen: In allem ist Sicherheit, aber Sicherheit ist nicht alles.

Das Verhältnis von menschlicher Sicherheit und gerechtem Frieden muss daher komplexer beschrieben werden als dies die Annahme einer Entsprechung zwischen beiden unterstellt (vgl. Beitrag von Jean-Daniel Strub). Gewiss macht das erweiterte Sicherheitsverständnis den Sicherheitsbegriff anschlussfähig für die Konzeption des gerechten Friedens. Einer Versicherheitlichung des Friedensbegriffs ist aber zu widersprechen. Sicherheit ist eine Dimension des gerechten Friedens (vgl. den Beitrag von Gerd Oberleitner), nicht dessen Äquivalent.

Literatur

Evangelische Kirche in Deutschland (EKD). 2007. *Aus Gottes Frieden leben – für gerechten Frieden sorgen. Eine Denkschrift des Rates der Evangelischen Kirche in Deutschland.* 2. Aufl. Gütersloh: Gütersloher Verlagshaus.

Oberdorfer, Bernd. 2018. „Gerechter Frieden" – mehr als ein weißer Schimmel? Überlegungen zu einem Leitbegriff der neueren theolo-

Autorinnen und Autoren

Thorsten Bonacker, Dr. rer. pol., Professor für Friedens- und Konfliktforschung und stellvertretender geschäftsführender Direktor am Zentrum für Konfliktforschung an der Philipps-Universität Marburg

Tobias Debiel, Dr. sc. pol., Professor für Internationale Beziehungen und Entwicklungspolitik, Direktor des Instituts für Entwicklung und Frieden sowie Co-Direktor des Käte Hamburger Kollegs an der Universität Duisburg-Essen

Bernd Oberdorfer, Dr. theol. habil., Professor für Systematische Theologie am Institut für Evangelische Theologie an der Universität Augsburg

Gerd Oberleitner, Dr. iur., außerordentlicher Professor am Institut für Völkerrecht und Internationale Beziehungen an der Universität Graz/Österreich

Jean-Daniel Strub, Dr. theol., selbständiger Ethiker und Mitglied im Zürcher Gemeinderat

Ines-Jacqueline Werkner, Dr. rer. pol. habil., Friedens- und Konfliktforscherin an der Forschungsstätte der Evangelischen Studiengemeinschaft e. V. in Heidelberg und Privatdozentin am Institut für Politikwissenschaft an der Goethe-Universität Frankfurt a. M.

Printed in the United States
By Bookmasters